D1568304

SELECTED POEMS

Poets' Voices

A series of books edited by Spike Hawkins

Volume 1

Selected Poems

Adam Czerniawski

Translated by Iain Higgins

Volume 2

A Different Silence: Selected Poems

Árni Ibsen

Translated by Árni Ibsen and Pétur Knútsson

Volume 3

250 Grams of Poetry

Spike Hawkins

Forthcoming

Anthology of Contemporary Slovenian Poetry

Tea Štoka and Spike Hawkins

This book is part of a series. The publisher will accept continuation orders which may be cancelled at any time and which provide for automatic billing and shipping of each title in the series upon publication. Please write for details.

ADAM CZERNIAWSKI
SELECTED POEMS

Translated by Iain Higgins

harwood academic publishers

Australia • Canada • France • Germany • India • Japan • Luxembourg
Malaysia • The Netherlands • Russia • Singapore • Switzerland

Amsteldijk 166
1st Floor
1079 LH Amsterdam
The Netherlands

British Library Cataloguing in Publication Data

Czerniawski, Adam
    Selected poems. – (Poets' voices; v. 1)
    1. Czerniawski, Adam – Translations into English
    I. Title   II. Higgins, Iain
    891.8'5173

    ISBN 90-5755-106-3

Cover illustration: *Promenade Walk, Broadstairs* by Ralph Wallace

Contents

III

IV

Introduction to the series

Poets' Voices is an international series of books which presents collections of poems by significant poets whose work is not available in existing publications. Their poems appear in the original language, together with an English translation on the facing page. With each book, whenever possible, there is a CD recording of the poet reading the poems in the collection in the original language and, whenever feasible, in the English translations.

Poets' Voices will also feature monographs on key poets about whose lives, works and influence little is currently available.

We are collecting poets' voices
from all over the globe
for you to see, read and
hear.
Prepare your mind for the
rush of Chinese horses and
lateral-thinking earwigs.

From continents they have
walked into your hands.
Let them rest a while and
listen to their voices.
   Some will sit with you
   forever
   others will run with shadows
from the alphabet
one maybe yourself.

Spike Hawkins

Adam Czerniawski
Photograph by Jean Martin

Introduction

Adam Czerniawski was born in Warsaw in December 1934. By September 1939, like many of his time and place, he was on the move, fleeing an occupied and partitioned country. By August 1947, he had arrived in England, having spent the intervening years attending Polish, French, English and American schools in Palestine and Lebanon. The war and his stay in the Middle East now over, Czerniawski did not return to his homeland, but settled with his family in England. There he continued his education, eventually taking degrees both in English literature and in philosophy and proceeding to earn a living by lecturing on the latter in the 1970s and 80s.

This English intellectual life, however, did not entirely displace his Polish one. In the 1950s and 60s, for instance, while studying English literature and philosophy in London, Czerniawski was actively involved in Polish literary life, joining forces with a number of rebellious young poets who had arrived in England by routes as circuitous as his own. The group, known as *Kontynenty* [Continents], is discussed briefly in the concluding paragraphs of Czesław Miłosz's *History of Polish Literature*. In addition, he had by the 1960s set about the task of introducing English-speaking readers to modern Polish poetry, which, represented by authors like Miłosz, Tadeusz Różewicz, Wisława Szymborska and Zbigniew Herbert, was increasingly coming to international prominence. Indeed, since that time Czerniawski has "Englished" many of the best and best-known Polish poets. Some of this work has been collected in his anthology *The Burning Forest* (1988); and he has practically become the English voice of Tadeusz Różewicz.

For some, Czerniawski's intermediary labours on behalf of Różewicz have made him a sort of contemporary Chapman, the transplanter of a powerful and disturbing new force into the tidy cloister garden of British poetry. Whatever the truth of this view, no one can deny that post-war Polish poetry has made its vivifying presence felt throughout the English-speaking world, and that Czerniawski has long been one of its central mediators, especially in Britain. In the last ten to fifteen years, moreover, he has supplemented his work as a translator of modern Polish poetry by attempting to provide a critical context for his and others' translations, and has done so most recently in *The Mature Laurel* (1991), an important collection of essays and appreciations by British and Polish poets and critics.

Yet Czerniawski is not only a translator, anthologist, and critic of modern Polish poetry. He is also an autobiographer and, as already mentioned, a Polish poet in his own right. As the former he has published in English and Polish a deceptively simple memoir of his childhood journey from Poland to England. This memoir, *Scenes from a Disturbed Childhood* (1991), was well received, and bids fair to bring Czerniawski the autobiographer the same sort of recognition he has come to receive as a translator. As a recognised Polish poet, however, who has published seven volumes of verse since his debut in 1956, Czerniawski is still virtually unknown in the English-speaking world, even in the country where he has lived for nearly half a century. If he is known at all, it is through a mere handful of poems, mostly in his own renderings, published in magazines like *Modern Poetry in Translation*, *Rialto* and *Poetry Review* and in his own anthology *The Burning Forest*. As a result those readers who already know Czerniawski as the unmistakable English voice of Różewicz have had almost no opportunity to hear his own distinctive and compelling poetic voice.

This volume offers that opportunity. It contains translations of poems written at every stage of Czerniawski's career, and attempts in addition to reveal the range of his styles, forms and concerns. Thus the reader will find here not only the long and the short of him – as in the concise "Oxford" (an almost sentimental statement of the poet's affection for a mythic England) and the extensive "Mirrors and Reflections" (a moving meditation on being in the world) – but also the more familiar middle ground, Czerniawski's preferred poetic dwelling place, where the lyric readily admits other modes of writing without necessarily giving up its own character altogether. Here the reader will find poems as different from one another as "You and I" (an unsentimental celebration of childhood pleasure and friendship), "Cape of False Hope" (a striking portrait of life in an imaginary European colony), "Triangle" (a brief parable on order and cruelty), *"Teatro della guerra"* (a dark look at the homologies of war, theatre, and children's games) and the remarkable prose poems from the cycle "Commentaries" (essays on such matters as memory and oblivion, the poet's reading both early and late, and the nature of artistic perception), of which "Ashurbanipal and Others" and "Words" have already been favourably noticed.

Within this diversity, of course, there are common elements. Czerniawski is
above all a philosophical poet, concerned with the problems of perceiving,
remembering, articulating, and so in effect creating the world. The world for him
is more often culture and history than nature, as critics in Poland have observed,
notably Krzysztof Karasek, who wrote in *The Mature Laurel* that "Adam
Czerniawski is one of the most self-conscious lyricists in contemporary Polish
poetry [. . .]. The subject of his poems is culture in the widest sense of the word
[. . .]." Similarly, Konstanty Pieńkosz has noted that Czerniawski "can be
counted among poets of culture [. . .] who have inherited the great European
tradition." This philosophical concern, moreover, is both aesthetic and ethical,
and is usually expressed in compositions that are at once poetic and discursive,
and shot through with a self-conscious nostalgia combined with a dry, often
Borgesian wit. The result, as the poet and critic Bogdan Czaykowski has
suggested, is poetry characterised by a deliberate polyphonic dissonance that
constantly threatens to dissolve the very principle that holds the artistic
composition together on any given occasion (e.g., feeling, imagination, argument
or form). By way of example, Czaykowski points to "From an Album",
"Knowledge by Description" and *"Desolation Sound"*, but one could add a
number of others: "Bavaria 1956", "Sir David Ross Lectures on Aristotle's
Politics", "Pentagram", "Ashurbanipal and Others", "Golden Age", "Cleaning
an Old Poem", or "Knowledge and Experience" – the last five being in my view
amongst Czerniawski's best poems.

Indeed, there is nothing quite like these poems in English, although it is
possible to gesture towards some analogies: the brilliantly opaque poems of John
Ashbery, for instance, offer a partial analogy of their probing and self-undoing
manner, if not of the sensibility they conjure up, while the wittily erudite poems
of Derek Mahon and Paul Muldoon offer a partial analogy of their heterogeneous
cultural and historical matter, if not of their tone and formal qualities. For
Czerniawski's poetics derives in part from a tradition little known outside Polish
literature, the tradition established by Cyprian Norwid (1821–83), who is a kind
of combined Hopkins, Dickinson and Eliot-cum-Pound. In Norwid's view, "a
perfect lyric should be like a plaster cast: those boundaries where forms miss
each other and leave cracks ought to be preserved and not smoothed over with
a knife." But where Norwid chose a sculptural analogy, strangely thinking of
his own dynamic verse in spatial terms, Czerniawski would choose a musical
one, thinking in terms of the temporal and the dramatic, as in Beethoven or

Bartók, or even in some forms of jazz. Here the preserved cracks become dissonant notes deliberately exploited, and the plaster cast the compositional whole that contains and attempts to govern them.

Like most Polish poets since the Second World War and unlike many of his exact contemporaries in the English-speaking world – Derek Walcott, Fleur Adcock, Tony Harrison and Seamus Heaney, amongst others – Czerniawski rarely writes metrical verse or uses fixed forms. Where Harrison might heighten a fixed form and Heaney mute it, Czerniawski, if he uses it at all, will bend or break it: the irreverent sonnet "*dulce et decorum*", for instance (not included here as perhaps too bound by its original linguistic-cum-cultural context), lacks a rhyme scheme but not rhymes, and so draws attention to its indecorous formal incompletion. Nor does Czerniawski usually attempt to compensate his readers for the lack of conventional formal pleasures with musical ones. As with fixed forms, so with the pleasing orchestration of sense and sound. On those few occasions when it occurs, it deliberately draws a kind of negative attention to itself, as in these lines from "Knowledge by Description":

> the intoxicating scent of somnolent plants
> strikes an accord of cows and clavichords.

Yet while Czerniawski's poems steadfastly refuse to offer certain conventional formal and stylistic pleasures that many English-speaking readers still expect from verse – although for that matter they also refuse to provide the astringent pleasures of poems, like Różewicz's, that are made according to an anti-poetic poetics – they do offer a variety of other pleasures, some of which are indeed aesthetic. I have after all suggested already that Czerniawski's poems allow us to watch a wry philosophical and historical consciousness at work in a poetic mode, and this in itself is a considerable pleasure – the more so as Czerniawski's poetic mode involves a constant testing of style and form. How many of the linguistic and formal pleasures of Czerniawski's distinctive and probing Polish poems have come across in translation readers will have to judge for themselves.

*

Most of these translations were begun in the summer of 1991 during a fortnight's stay at The British Centre for Literary Translation at the University of East Anglia in Norwich, and I am grateful to the Centre and its Director Max Sebald for their support and to Beryl Ranwell for various kindnesses. This stay, in addition to allowing me to give Czerniawski's poems my undivided attention, gave me the opportunity to discuss both them and my rough translations with the poet himself, who was then Translator in Residence. Since that time I have worked at revising and polishing my original rough versions, often in response to Czerniawski's suggestions, in between the tasks required of a teacher of Middle English literature. I am much indebted to Bogdan Czaykowski for our many conversations on poetry and translation before and during this period. This is not the place to discuss my principles and practices as a translator, except to say that I have aimed throughout at something like equivalence in my renderings, hoping to be faithful to the Polish, but desiring English poems in the end. Furthermore, I have kept Czerniawski's English context in mind when making choices in vocabulary (e.g., by translating *benzyna* as "petrol" rather than "gas", and so on). I am especially grateful to Adam Czerniawski for his generosity, for our pleasant and leisurely discussions of his and others' work, and for saving me from the odd howler or misparsed phrase. I have not always taken his advice (except on matters of Polish grammar), but I greatly appreciate the attention with which he has read and commented on my versions of himself.

Iain Higgins

Author's Note

I am sure there must have been times when Iain Higgins was regretting he was not translating my poems into Sanskrit or Swahili, linguistic domains in which I have no competence to interfere. But I hope his regrets were sufficiently alleviated by the fact that I saved him from a few howlers.

Although over the years I have occasionally translated a poem or two of mine – in response to a specific commission – I have always found the task supremely irksome and have submitted myself to it only when there was no one else available.

So Iain Higgins's readiness to take on this burden was especially welcome. Moreover, he had already shown considerable skill in translating Bogdan Czaykowski's poetry and I knew that as a poet himself he possessed the kind of sensibility that translation of poetry demands. We were able to work together closely on the initial stages of the project at The British Centre for Literary Translation, so I join him in acknowledging our indebtedness to Max Sebald for making that cooperation possible.

Our original plan was to include all the other translations available: by Andrzej Busza, Bogdan Czaykowski, Jan Darowski, Irena Czerniawska-Edgcumbe and myself. In the event, Iain produced enough translations for a substantial collection, and I therefore thought it fair that it should be his book, that he should organise the presentation of the poems and compose an introduction.

*

Some of the translations have previously appeared in *Agenda*, *Bête Noire*, *The Dark Horse*, *Descant*, *London Magazine*, *Metre*, *Modern Poetry in Translation*, *Orbis*, *Poetry Review*, *Rialto*, *Siglo* and *Thumbscrew*.

Adam Czerniawski

I

Pentagram

Świat

Tak powstał świat: otworzyłem
rano oczy, jest kwadrat swiatła w szybie,
rynna, dachówka, ogród, samolot
przelatuje nisko, data
jest dzisiejsza, w ramie obrazu
miasto stuletnie.
Wysniłem jabłoń, łasicę, księżyc,
wyśniłem morze, znika w nim człowiek skrzydlaty,
dymia Babilonu zgliszcza, parskają gdzieś konie;
słońce pada teraz na talerz owoców,
zapachu czerwieni dotykam.
Wiatr mokry szarpie żaluzje, śni mi się
świat, w nim wszystko możliwe:
ktoś opisze upadek Troi,
ktoś ugryzie jabłko, namaluje
sąd ostateczny, rozbije atomy.
Sen być może nad brzegiem urwistym
zamulonej rzeld. Oczy
zamykam, więc czaszld pęknięcie
rysuje ruinę wyśnionego świata.

II 1966

Pentagram

World

The world began like this: I opened
my eyes in the morning; a square of light on the window,
a gutter, a roof-slate, a garden, a plane
passing low overhead, the date
is today's, in a picture frame
a century-old city.
I conjured up an apple-tree, a weasel, the moon,
I conjured up the sea, a winged man drowning,
smoke is rising from the ashes of Babylon,
somewhere horses are snorting;
the sun is now falling on a plate of fruit,
I touch the scent of red.
A damp wind tugs at the blinds; I dream
a world; in it anything is possible:
someone will describe the fall of Troy,
someone will bite into an apple, paint
the last judgment, split atoms.
The dream perhaps on the steep bank
of a silted-up river: I close
my eyes; this is how a cracked skull
sketches the ruin of a conjured world.

II 1966

4

Pentagram

Most

pamięci R.S. (1932–1973)

Przedmiot albo prawdziwy albo zmyślony:
nie wiadomo czy słowa przywołały obraz
czy też stało się na odwrót. Może
łuk wyszczerbionej cegły nad wodą
dałoby się również uchwycić
w kompozycji na flet harfę baryton i bas.
Wystarczy ołówkiem zakreślić owal:
ktoś go skojarzy ze złudzeniem mostu
odbitego w rzece cuchnących szuwarów.
Może jednak wystarczy dowolny iloczyn kwadratu półkola
wystarczy widzenie sternika gdy tonie przed świtem.

Pentagram

Bridge

in memory of R.S. (1932–1973)

An object either real or imaginary:
I don't know whether words called up the picture
or did it also happen the other way round. Perhaps
the arc of jagged brick above the water
could also be grasped
in a composition for flute, harp, baritone and bass.
It's enough to sketch an oval in pencil:
someone will associate it with the illusion of a bridge
reflected in a river of foul-smelling rushes.
But perhaps this will do: any product of a semi-circle squared,
the helmsman's view while drowning at dawn.

Pentagram

Ryba

ułożył poemat w kształt ryby
ryba jest symbolem świętych
ryba żyje w głębinach tajemnic morskich
wytrzymuje potężne ciśnienia atmosfer
jej obecność zapowiada misteria
wpadła w sieci rodzaju ludzkiego
leży zimna na wilgotnej desce
każda jej strofa jest niepokalanie rytmiczna
w słońcu połyskują łuski jej metafor
oko bielmem pokryte żyje wyobraźnią
a kiedy zostanie już sam szkielet
biały negatyw symetrycznej jodły
słowa przetrwają wiecznie nieczytelne

1966

Pentagram

Fish

he shaped a poem like a fish
the fish is a symbol of saints
lives deep in the sea's obscurities
resists the forceful weight of atmospheres
its presence augurs mysteries
it fell into the nets of humankind
lies cold on the wet slab
each of its lines is immaculately rhythmical
the scales of its metaphors shimmer in the sun
the membraned eye lives in the imagination
and when only its skeleton remains
the white negative of a symmetrical pine
the words will endure forever illegible

1966

Pentagram

Trojkąt

koło jest doskonałością
nawet gdy uzbraja się w tryby
podobnie kwadrat jest
samowystarczalną perfekcją
trójkąt natomiast jest realny
zmiana, kątów załamania
proporcji wzajemnej ścian
nie potrafi zniszczyć
jego charakteru
krzywych kół nie ma
brak nam ułomnych kwadratów
trójbok natomiast
zawsze gotów przybrać postać
pitagorasa kobiety bukszpanu
bądźmy wdzięczni
za ludzką wersję okrutnej harmonii
konfigurowanych kwadratów i kół

Pentagram

Triangle

a circle is perfection
even when armed with cogs
just as a square is
a self-sufficient totality
but a triangle is real
a change in the relation of angles
to the ratio of adjacent sides
cannot destroy
its character
there are no crooked circles
and we lack defective squares
but the triangle
will always assume the shape
of a pythagoras a woman a boxwood
we should be grateful
for a human version of the fierce harmony
of circles and squares

Pentagram

Babilon

Akosi Mambłele, dziecię parnych tropików,
trudni się archeologią Babilonu,
pokazuje mi rzeźbione tabliczki, rozbite garnki,
pomiary galaktyk, elewacje wiszących ogrodów,
każe mi podziwiać czworoboki bloków mieszkaniowych,
parkingi, urządzenia sanitarne, przemyślnie rozwiązane
skrzyżowania autostrad, pomieszczenia kapłanów,
nierządnic, łuczników. Akosi jest moim przyjacielem,
wiem, że nie kłamie, materiał dowodowy przygniata mi
klatkę piersiową. W drodze powrotnej
szkicuję sobie plan mojego antyBabilonu,
ulice są labiryntem barykad, ścierwo
wala się na chodnikach, ludzie żyją
w podziemiach, władzę sprawują
puszyste nietoperze o krowim wejrzeniu.
Gdy pękają mity, wyobraźnia
miraże nowych drzeworytów kreśli.

Pentagram

Babylon

Akosi Mambwele, son of the sultry tropics,
works as an archeologist of Babylon;
he shows me carved tablets, smashed pots,
galactic measurements, elevations of hanging gardens,
tells me to admire the rectangular blocks of flats,
car parks, sanitary facilities, the cleverly devised
motorway junctions, lodgings for priests,
harlots and archers. Akosi is my friend
I know he doesn't lie; the facts weigh on
my chest. On our way back
I sketch a plan of my own anti-Babylon:
the streets are a maze of barricades, the dead
sprawl on the pavements, people live
underground, hairy bats
that stare like cows, wield power.
When myths crack, the imagination
draws figments of new cartograms.

Teatro della guerra

Już po wojnie; tak, koniec batalii.
Latami trwały manewry i konferencje
pokojowe; kaptowano szpiegów, wymyślano
przebiegłe strategie; coraz modyfikowano
plany przetrwania gospodarki na stopie
wojennej.

Dozgonnie sobie grozili zagładą,
rozejm trwał jakby od wieków,
obywatele opłacali wczasy
na długie czasokresy,
zbrojenia miały charakter
szarady.

W kulisach stoją drewniane armatki,
co chwila błysk bengalskich ogni,
jęk rannych, dogorywających;
jedni udają trupów, drudzy udają żywych,
mówią na niby, gestykulują, zrywają maski, nakładają maski,
aż i na nich spadnie kurtyna;
podobno oglądali sceny piekielne
w ciemnościach spowitych w siarczysty pot;
jedni klaskają, inni przytupuja,
wygwizdują, już schodzą ze sceny
zabici i ranni, oparzeni, nieprzytomni.

Teatr jest imitacją, życia metaforą,
gesty niemożliwe, głosy przesadzone,
ranni zdrowieją, zmarli zmartwychwstają,
a jednak tuli się do nich anioł
śmierci prawdziwej, anioł bez skrzydeł,
anioł śmierci żywej, żywej panoramy
sceny obrotowej.

W lasach walczono, walczono w przełęczach,
w kamieniołomach i na przedmieściach
anioł śmierci urzędniczył troskliwie
a często.

Teatro della guerra

Yes, the war is over now, the battle done.
For years there were manoeuvres and peace
conferences; spies were exposed, clever strategies
devised; plans constantly modified
for economic survival on a wartime
footing.

Both sides threatened total destruction,
the ceasefire had seemingly lasted for ages,
citizens paid for long
holidays,
armaments had the character
of a charade.

Wooden artillery stands in the wings,
every moment the flash of sparklers,
the moan of the wounded and dying;
some play dead, others at being alive,
imitate speech, gesticulate,
tear off masks, put on masks,
until the curtain falls on them too;
apparently they saw hellish scenes
in darknesses shrouded in sulphurous sweat;
some applaud, others tap their feet,
whistle, and now *exeunt omnes:*
the killed, the wounded, the burnt, the unconscious.

The theatre is an imitation, a metaphor of life,
impossible gestures, exaggerated voices,
the wounded recover, the dead are resurrected,
and yet an angel of real death
snuggles up to them, a wingless angel,
the angel of living death, of the living panorama
of a revolving stage.

They fought in the forests, they fought in the passes,
in quarries and suburbs
the angel of death officiated solicitously
and often.

Teraz gorejące zgliszcza
pełne są szczątków ciał i sprzętu.
W maskach i kombinezonach
bezpiecznie chętni i radzi przemierzają gruzowiska
ścierniska byłe wrzosowiska medycy
archeolodzy i kapłani,
by ustalić parametry wstępnych tańców, czynów i skoczków,
wyłuskują byt z niebytu, a w przerwach jedzą
zdekontaminowane kanapki mięsne, grają w karty,
czytają gazety, gadają i klną.

A właściwie w milczeniu i skrycie
czasów własnego szczęścia szukają w rupieciach
gdy nocą srebrem miesiąca przemyci.

Gry wojenne, gry wstępne zaczepne,
młodzi zaczynają od palanata, od berka,
chowanego, chińczyka i klas.

X 1985

Now the smouldering ruins
are filled with the remnants of bodies and matériel.
In masks and overalls, medics
archeologists and priests
safely eager and content traverse rubble,
stubble fields, former moors,
to fix the parameters of opening dances, of jumpers' performances;
they shell being from nonbeing, and during the intervals eat
decontaminated meat sandwiches, play cards,
read newspapers, chat and curse.

But in fact washed at night by the silver moon
they silently and secretly
search the junk for their happy times.

War games, opening gambits,
the young begin with ball-games,
with hide-and-seek, hopscotch and Scrabble.

X 1985

Widok Delft

H.K.

1

W Hadze jest widok Delft
W Hadze jest perspektywa Delft
wystarczy wspiąć się na piętro Mauritshuis
by ujrzeć Delft
panoramy nie przesłania wzgórze
nie przesłania kasztan rozłożysty

Teraz urbanistyka betonu stali szkła
zakryła mi widok Delft
uczciwi obywatele mają dach nad głową
dzieci mają huśtawki w ogrodach i baseny ryb
ale widok rudawej cegły Delft
ale widok ocienionych kanalików Delft
jest zakryty
w Pałacu Pokoju w salach muzeum
odcięty jestem od tych
 barek przycumowanych
 mostków zwodzonych
 dzieci w kryzach
 kobiet w sabotach

2

Miał wielkie szczęście że ujrzał Delft
może nawet i dziś wystarczy bilet drugiej klasy
ale aby widok także utrwalić nie tylko w pamięci
potrzebny był ktoś kto żył w roku 1657
kto albo miasto od dziecka znał
albo przyjechawszy z daleka za interesami
szedł spacerkiem piaszczystym nadbrzeżem kanału
szedł po prawej mając mury wieżyczki miasta
szedł gdy dopisywała pogoda
poprzedniego dnia było parno lecz w nocy
spadł deszcz biły pioruny
dlatego teraz w chłodniejszym powietrzu

A View of Delft

for A.C.

1

At the Hague there is a view of Delft
at the Hague there is a prospect of Delft
you have only to climb the Mauritshuis stairs
to catch sight of Delft
the hill doesn't obscure the vista
and neither does the branching chestnut tree

Now a conurbation of concrete glass and steel
has blocked my view of Delft
honest citizens have a roof over their heads
children have garden swings and fishponds
but the view of Delft's russet brick
the view of Delft's shady canals
the view of Delft's churches
is hidden
in the Palace of Peace in the museum
I find myself cut off from these
    moored barges
    drawbridges
    children in ruffed collars
    women in sabots

2

He was very lucky to have seen Delft
perhaps even today a second-class fare is enough
but to preserve the view not only in memory
there had to have been someone living in 1657
who either had known the town since childhood
or having arrived from afar on business
had strolled along the sandy shore of the canal
walking with the town walls and turrets to his right
walking when the weather was fine
on the day before it was sultry although rain fell
in the night and lightning flashed

obłoki przelatują szybko po czystym niebie
czasem są to nawet chmury ciemniejsze gradowe
i właśnie w ten dzień
taki jest widok Delft
tylko niektóre domy rozświetlone słońcem
mury miejscami szare przygaszone

3

Wiele rzeczy kochałem
język który układał się w strofy
lament klawikordu
podróż pociągiem międzynarodowym widok
zalesionych gór nad wodą
pożądałem jasnego ciała kelnerki w Delft
piłem ciemne piwo
przez szkło sprawdzałem fakturę obrazów

4

Są to składniki najprostsze
woda cegły obłoki światło słońca
grupki kobiet mężczyzn małych dzieci
zbyteczna jest interpretacja alegoryczna
niepotrzebne szczegóły biograficzne
zagadkowe historyczne tło
ustrój społeczny i stan gospodarki
Nie wiem kim była jego żona
nie wiem kto go uczył kłaść farby na płótno
nie wiem dlaczego znalazł się w Delft
w dzień nieco zachmurzony
czy to był przypadek
nagłe wezwanie w strony odległe
czy też wynik z premedytacją podjętego zadania
obowiązku obywatelskiego zamówienia
cechu jubilerów
i nie o to chodzi

which is why now in the cooler air
the clouds are scudding across a clear sky
sometimes there are even darker stormclouds
and on this day
this is the view of Delft
only some houses lit by the sun
the walls randomly dark and grey

3

I have loved many things
language that shaped itself in verse
the clavichord's lament
journeys on international trains a view
of wooded mountains over water
I desired the bright flesh of a girl in Delft
drank dark beer
examined brush strokes through a glass

4

These are the simplest elements
water and brick clouds and sunlight
groups of men women and small children
allegorical interpretation is superfluous
biographical details unnecessary
so too the puzzling historical background
the social system and the state of the economy
I don't know who his wife was
I don't know who taught him to lay paint on canvas
I don't know why he found himself in Delft
on a partly cloudy day
was it by chance
or on a sudden summons to a distant part
was it perhaps because he undertook a premeditated task
a citizen's duty or a commission
from the jewellers' guild
and this is not the point

5

Dziś widok miasta przesłoniła
niespodziewana mgła pociąg się spóźnił
było już ciemno błądziłem i czas traciłem
nikt nie znał mojego języka
przeszła bezpowrotnie odpowiednia chwila

6

Można to nazwać doskonałym aktem płciowym
paradoksem Grellinga
żeby temu który brunatnych murów
który słońcem oświeconych dachówek który wody z barkami
w dzień wietrzny wiosenny nie widział
dać pojęcie wyglądu Delft
nie przesłoniętego siecią wysokiego napięcia
nie przesłoniętego nawet wytwórnią lśniących fajansów

7

Zobaczyłem Delft
   długo czekałem na tę chwilę
   dni schodziły i lata
   czytałem mądre książki
   córce opowiadałem dzieje Babilonu
   z synem dyskutowałem nieskończoność czasu
spierałem się z żoną o kolor tapety
płaciłem rachunki
zamykałem okna
otwierałem drzwi
jadłem obiad kaszlałem
lecz ciągle wierzyłem że ujrzę Delft
nie we śnie nie na pocztówce nie na ekranie
że ujrzę wieżyczki fortyfikacyjne
   odbite w lekko sfalowanej wodzie
widziałem Delft
mam w oczach Delft
zobaczyłem Delft
opiszę Delft

5

Today an unexpected fog obscured
the view of the town the train was late
it was dark I got lost wasted time
nobody understood my language
the right moment passed irrevocably

6

You may call it the perfect sexual act
Grelling's Paradox –
describing to someone
who on a windy spring day hadn't seen
the dark walls
the roof slates shining in the sun
the barges in the water
what Delft looks like
unobscured by the network of high tension wires
unobscured even by the factories of glittering faience

7

I saw Delft
   I had waited a long time for this moment
   days passed and years
   I read learned books
   described the history of Babylon to my daughter
   discussed the infinity of time with my son
I quarrelled with my wife about the colour of a wallpaper
paid bills
closed windows
opened doors
dined coughed
but I still believed I would see Delft
not in dreams not on postcards nor on a screen
that I would see the turrets and fortifications
   reflected in the rippled water
I saw Delft
I beheld Delft
I witnessed Delft
let me describe Delft

8

W parku miejskim palą liście
kasztany przesłonięte niebieskawym dymem
do stawu przy którym bawią się dzieci
pikuje kaczka
elipsę lotu hamują płetwy
trzepot skrzydeł
teraz nieruchomą lekko unosi sfalowana woda

1967

8

Leaves smoulder in the town park
blurring the chestnut trees in blue smoke
a duck descends
towards a pond where children are playing
its feet arrest the shape of flight
the wings flutter
the rippled water bears her aloft, motionless now

1967

W sprawie sprzeczności wewnętrznych klasycznej geometrii przestrzennej

widzi dwa krajobrazy
jeden jest prawdziwy jeden jest zmyślony
w dolinie rozlewisk miodu mleka żółci
samiec księżniczki jest kluczem do zamku
na wierzbach kwitną rubinowe grusze
w szuwarach gnije strzaskany widnokrąg
puszysta zieleń jej niebieskich oczu
ma smak jałowy kolistych kwadratów
egzekucje o świcie świeckich wrogów ludu
sen zakłucają bankierom i tkaczom

wyobraża sobie jeszcze trzeci świat
który stałby się realny
gdyby go umiał odegrać na flecie

Concerning the Internal Contradictions of Classical Solid Geometry

he sees two landscapes
one real one invented
in a valley of floodwaters honey milk and gall
the queen's mate is a key to the castle
on the willows ruby pears blossom
in the reeds a shattered horizon moulders
the furry green of her blue eyes
has the insipid taste of circular squares
executions at dawn of the people's secular foes
disturb the sleep of bankers and weavers

he imagines yet a third world
which could become real
if he knew how to play it on a flute

Polowanie na jednorożca

Stąpając lekko po grzywach fal
był już jak punkt na tle horyzontu
owity chmarą niebieskich liści –
a za nim stado psów i myśliwych
brnęło hałaśliwą zgrają trąb
uginając się w błotach i bujnych wąwozach

W załzawionych jego oczach
odbijały się żyły morskiego wiatru

Było 37 myśliwych
psów najlepszego chowu 31

fakty powyższe spisano w urzędzie powiatowym
w obecności licznych świadków
ale brak nam jeszcze danych
by ustalić czemu równa się x

Słysząc w dali
ujadanie trąb
trzask chrustu i gałęzi
przystaje samotnie mleczno-biały
zamglony krajobrazem paproci
naświetlanych słońcem nerwowych liści

I tak w dzień ciepły odszedł na zachód
falą błękitnego wiatru

lecz dokładnych danych wciąż nam brak

VII 1955

Hunting the Unicorn

Stepping lightly along cresting waves
he was now a speck on the far horizon
clouded round with sky-blue leaves –
and behind him a pack of hounds and huntsmen
blundering about baying and blowing horns
sinking in bogs and overgrown gulleys

His watery eyes
reflected the sea wind's veins

There were 37 huntsmen
and 31 hounds, the best of their breed

the above facts were set down in a district office
in the presence of numerous witnesses
but we still lack the data
needed to say what equals x

Listening in the distance
to the barking of horns
and the crack of thickets and branches
he pauses
milk-white and solitary
veiled in a landscape of ferns
lit by a sun of edgy leaves

And so on a warm day he set off for the west
on a wave of blue wind

but we still lack the relevant facts

VII 1955

Mitologia

B.Cz.

O szarej godzinie przedświtu
zwierz dziki! W powietrzu grają strzały
smrodliwych Germanów; tu w tych
bagnistych lasach; dlaczego?
Wczoraj w płomieniach pochodni
ujrzałem nagle Julię szlochającą.
Ciała nasze w trzęsawiskach zgniją.
Historia cóż powie?
Barbarzyńcy są niepiśmienni.
Nasza tu obecność pozostanie
domysłem ateńskich sofistów.

Niepokój morza obmywa falochron,
na molo stoi kilkanaście osób
skulonych z zimna, wśród nich
kobiety z dziećmi, wysłannicy chana,
poseł wenecki, brodaty
korespondent *Journal des Sçavans.*
"W takim wichrze i słońce jest słone;
czmychnijmy na guajawy grzane w małmazji."
Nawigator cyrklem odmierza połacie
globu, sternik dostrzega oczy znajome
w metalicznej pianie; astrolabium,
luneta, Ultima Thule, zieleń
irlandzkich wybrzeży, słota i lęk.

Już w roku następnym cesarz Maksymilian
zamawia obraz *Izabelii*
wypływającej na Morze Melancholii,
malował Battoni; w Delft
repliki ukazują się
na fajansach de Witta;
w Padwie Molinari neguje
wiarygodność wszystkich dokumentów,
Dacic w Bazylei kończy klasyfikację
europejskich mitów.

Mythology

for B.Cz.

In the grey hour of dawn
a wild beast! Arrows sing in the air,
shot by the stinking *Germanii;* here
in these forest swamps; why?
Yesterday in the flames of torches
I suddenly glimpsed Julia sobbing.
Our bodies will rot in the bogs.
What will history say?
Barbarians are illiterate.
Our presence here will remain
the speculation of Athenian sophists.

The sea's restlessness washes the breakwater;
on the pier a handful of people
hunched against the cold, among them
women with children, legates from the Khan,
a Venetian envoy, a bearded
correspondent of the *Journal des Sçavans.*
"In such a gale even the sun is salty;
let's abscond for guavas warmed in malmsey."
Compass in hand a navigator charts the globe's
surface, a helmsman glimpses familiar eyes
in the metallic foam; an astrolabe,
a spyglass, Ultima Thule, the verdure
of Irish shores, foul weather and dread.

Already in the following year emperor Maximilian
will order a painting of the *Isabella*
sailing into the Sea of Melancholy,
Pinxit Battoni; in Delft
replicas appear
on de Witte's faiences;
in Padua Molinari denies
the reliability of all documents,
while in Basle Dacic completes his classification
of European myths.

W Belsen Harlevi tworzy
Syntezę nową przestrzennego czasu:
każdy odkopany ułamek marmuru
strzęp papirusu
szept konającego boga
modyfikuje materię obłudnej przeszłości.

Nam zaskoczonym w wszechświecie przypadków
postulaty mędrca noc pozwolą przetrwać
aż do agonii ponownego świtu.

VI 1965

In Belsen Harlevi writes
his *New Synthesis of Space-Time:*
every unearthed piece of marble
scrap of papyrus
or whisper of a dying god
modifies the substance of the dissembling past.

Caught as we are in a universe of chance,
the thoughts of the sage allow us to endure the night
until the agony of another dawn.

VI 1965

Człowiek

Na ustach sól, w zaroślach
wiatr; ziarenka wirują
na dłoni otwartej, więc
nagi bezbronnie
w słońcu stoi we śnie.

Kształt lądów zna siny,
gwiazdy we wzory nakłania,
dystanse zmierza, ludzkie
prawdy zmyśla,
owoc mitu waży.

Tak życie schodzi w kosmosie
bezbrzeżnym
          aż śmierć
spragniona oczy niewiedzą
przerażone przymknie.

Man

On the lips, salt; in the thickets
wind; grains swirl
on the open palm, so
naked defenseless
in the sun he stands in sleep.

Knows well the dark shape of lands,
compels the stars into patterns,
measures distances, invents
human truths,
weighs the fruit of myth.

So life passes in the unbounded
cosmos
        till death,
desired, shuts eyes
by ignorance terrified.

Science Fiction

Na tej trójwymiarowej planecie
z kosmicznego pyłu poczętej
czasem deszcz pada czasem grzeje słońce
wiśnia rozkwita i śpiewają wilgi
wody znajdują swój poziom prawa
Newtona nie znoszą wyjątków lipy wieczorem
przesycą powietrze mężczyzna
kładąc rękę na piersi kobiety
powie że ją kocha.

Science Fiction

On this three-dimensional planet
sprung from cosmic dust
it rains sometimes and sometimes the sun is warm
the cherry blooms and the oriole sings
water finds its own level Newton's laws
tolerate no exceptions, at dusk the lindens
saturate the air, a man,
laying his hand on a woman's breast,
will say he loves her.

Wieczór, albo pole widzenia

Czym słoneczniej przechodzę przez burzliwe zboża
tym łatwiej mi dociec w jak niedługim czasie
zapadnie się pole mojego widzenia

Czym wyraźniej twój głos słyszę i pełniej doceniam
sens twoich myśli, tym prawdopodobniej
zapanuje wkrótce nieprzerwana cisza

Czym doraźniej przenikam metafizyczne rozdarcia
istnienia, tym oczywiściej widzę mój zbyteczny
w skali wielkich koszmarów czasu
wysiłek

Czym więcej obcych języków poznaję
tym głośniej przewiduję
jak w gardle mi staje bezdźwięczna końcówka

Wszystkie inne opcje i możliwości
są wciąż jeszcze otwarte, wątpliwe
ta jedna jest już pewnym zamknięciem

Evening, or a Field of Vision

The sunnier I walk through stormy wheat
   the more easily I discover how soon
   my field of vision will collapse

The more clearly I hear your voice and the more firmly I value
   the meaning of your thoughts, the more likely it is
   that unbroken silence will soon reign

The more thoroughly I penetrate the metaphysical breaks
   in existence, the more clearly I see my exertions
   as superfluous in the scale of time's great nightmares

The more foreign languages I learn
the more audibly I foresee
how the voiceless ending sticks in my throat

All other options and possibilities
are even now still open, still doubtful
this one is already a certain closure

Przemiana materii

Z szarej mgły wyjęzyczył się płomyk
nie większy od rozżarzonego knota,
by za chwilę buchnąć słomianą
skrą. Płoną gazety, encyklopedie,
smolne łuczywa, zdewaluowane banknoty.

Mgła osuwa się, osiada po kątach,
oślizguje się w rynsztok: płoną
hełmy straży ogniowej, kapliczki,
biurowce, pagody.

Niebo już widać
bezchmurne bezgwiezdne: prószy śnieg,
skrzy się słup soli, lizaki płomieni
cmokczą bezlistne drzewa – zorze polarne
na równiku! Spod daszka słonecznego
obserwuję pożar w składzie podszewek

z domów wynoszą zwędzone trupy,
okopcone psy latają w obłędzie,
prószy śnieg.

I 1959

Transformation of Matter

Out of grey fog a tongue of flame was uttered
no larger than a glowing wick,
then to burst out like a sparking
straw. Newspapers, encyclopaedias,
resinous wood and devalued banknotes burn.

The fog subsides, settles in corners,
slides into the gutter: firemen's helmets,
shrines, office blocks,
pagodas, burn.

      The sky is now
cloudless starless: snow sparkles,
pillars of salt vanish from sight, leafless trees
suck lollipops of flame – Northern Lights
at the Equator! From under a sun-visor
I observe the blaze in a pillow-case warehouse

charred bodies are pilfered from houses,
soot-stained dogs run amok,
snow sparkles.

I 1959

Wiosna pod wieczór

Teraz jest tu most i skarpa,
sygnały drogowe i kolej żelazna.
Topole, rzeka, warstwy
powietrza i gór. Jakby ten chaos
poskromił Hobbema, którędy szłyby
do wodopoju krowy? Wsparty na kiju,
stałby odwrócony do nas tyłem wieśniak
lub sentymentalny miłośnik krajobrazów.
Wrzosy, skamienielona paproć, więc
jakiś kręgosłup rzeźbiony w skale.
Już oczy zalane lawą przerażenia
gwizd metalu więc gwiazdy drżą
gałąź złamana więc są na tropie
więc leżysz nagi w zaroślach ciemności.

II 1965

Spring towards Evening

Now there is a bridge here and a slope,
traffic signals and iron rails.
Poplars, a river, layers
of air and hills. This chaos, how
would Hobbema have contained it, which way
would the cows have gone to the watering hole?
Resting on a stick, a villager
or a lover of sentimental landscapes
would have stood with his back to us.
Heather, a petrified fern,
a spinal column sculpted in stone.
Eyes now flooded with the lava of terror
the screech of metal so the stars tremble
a branch snaps – so they're on your track
so you lie naked in the thickets of darkness.

II 1965

Paul Klee: glossa

Zmarł na nie zbadaną chorobę
nieheroiczna śmierć (w r. 1940) w mieście nieheroicznym (Bern)
studia wykłady
Monachium Marok Bauhaus Paryż Bern
kilka tysięcy groteskowo-komicznych kompozycji
z czasem pajęczo-obsesyjne linie zastępują kafle farby
gmach w którym Szwajcarzy pomieścili jego dzieła
ma kolor zakurzonej oliwki jest to kolor ochronny
kolor berneńskiego ratusza sądu grodzkiego
gnijącego sera

    pytany dlaczego maluje odpowiadał
    żeby po śmierci żyć jeszcze trochę

Paul Klee: A Gloss

He died of an unknown disease
an unheroic death (in 1940) in an unheroic place (Bern)
studies lectures
Munich Morocco Bauhaus Paris Bern
several thousand comico-grotesque compositions
in time tiles of colours replace spidery-obsessive lines
the edifice in which the Swiss have housed his works
is olive-drab a protective colour
the colour of the Bern town hall the magistrates' court
mouldering cheese

asked why he paints he replied
so as to live a while after death

II

Fałszywy Przylądek Nadziei

I

Jest to ziemia ognia, w niej legendy drzemią,
w południe rolety szczelnie zasunięte:
pan domu się chłodzi przymrożonym płynem,
wazony chińskie, wszystkie dzieła Wellsa,
nad kruchym szezlongiem anieli stróże
z tłustych landszaftów mrocznie uśmiechnięci.
Tu rodzice osiedli, tu zrobił majątek,
cudem przetrwał odmiany rządów i systemów
ożeniony z hrabianką, śniadą jedynaczką.
Raz był w Europie, o tym dziś nie mówi.
"Śpijmy w obłudzie zatęchłych pradziadów".

II

Życie plazmą rozlane w cichych kontynentach,
lecz pola uprawne odcięte w przełęczach;
czas więc usprawnić sieć komunikacyjną,
chwycić w dłoń kilof, rozłupywać granit.
Wszystkie przetwory, więc przednie gatunki,
za morza idą, a my głodujemy: są muszle
w rzek ujściach, ktoś rozłupie kraba, zje do ości rybę.
Chaty nasze z trzciny, stopy w mule grzęzną,
dzieci się rodzą wśród stygnących gwiazd:
tak rasa ginie; gdzieś, być może, pękają portale,
uzurpatorzy władzy po więzieniach gniją:
my jednak schniemy bezbożni a nadzy.
Kiedyś tu mosty zbudują, przekopią tunele,
lecz na nas już czas, gdy życie jak olej
leniwie się sączy, dolinami huczy,
fundament podmywa i do morza wpada.

VII 1968

Cape of False Hope

1

This is a land of fire: in it legends slumber,
at noon the blinds are firmly closed;
the host relaxes with a cool drink;
Chinese vases, the complete works of Wells;
above a fragile chaise-longue guardian angels
in greasy landscapes darkly grin.
This is where his parents settled,
where he made his fortune, miraculously
survived shifts in power and ideology,
married a count's daughter, a swarthy only child.
He was in Europe once, avoids the subject now.
"Let's sleep in the hypocrisy of our mouldy ancestors."

2

Life poured out like plasma in quiet continents,
but tilled fields were cut off in the mountains;
time then to improve communications,
to raise a pick-axe, to split granite.
All our products, the very best, go overseas,
and we go hungry: there are scallops
in the rivermouths, someone will crack open a crab,
eat a fish to the bone.
Our huts are of reeds, our feet sink in the mud,
the children grow-up amidst cooling stars:
the race is vanishing; somewhere, perhaps, portals
are bursting, usurpers of power languish in jails:
but we wither godless and naked.
One day bridges will be built here, tunnels bored,
but our time is up, while life flows lazily
like oil, booms in the valleys,
erodes the foundations and falls to the sea.

VII 1968

Benzyna, czyli życie w Żarnowcu

J.Ś.

Nowy model świata: lakier czerwony
połyskuje w słońcu, lewary, dźwignie,
sprzęgła, melancholia. Wczoraj
tu noc przespałem, aleje owszem
żwirem wysypane pamięć
zachowują zeszłego stulecia;
znów śnił mi się fetor benzyny
ręką dotykam płomienia: są stopnie
ciepła, gorąca i bólu, gdy szedłem
ulicą widziałem wesele, panna
w kolorze żałobnym stoików, pakowałem
walizki, kupiłem prezenty, w śnie
znów widziałem najróżniejsze twarze,
ślady przysypane piaskiem i już
nie wierzę temu co widzę nie widzę
już także pomników ni sprzętów, pakuję
walizki, płomienie nas palą,
gdzie jestem gdzie jesteś, raj mam
prywatny kwitną w nim zwłoki,
jesteś modelem nowej gospodarki
ceny reguluj i wartość snów:
teraz sporządzam inwentarz problemów
nastąpi weryfikacja kartotek rewizja przekonań
lektura intymna dzienników.
Myślą znów wracam do palm, do kokosów,
zdradzony rozpaczam na gruzach historii
wybielonej ogniem. Sprawdzam murów
wytrwałość, higienę szpitali,
urządzam koncerty i fety:
wieczorem przechadzka aleją
w uznaniu kacyków i gminu.
I znów zapadam w senność, w marzenia:
dowodzę kohortą, jestem na wygnaniu,
spiskuję, piszę tajne memoriały,
montuję radiostację, wybucha benzyna,
wieczorne powietrze ma drżącą obwódkę,
partia szachów przegrana, mój pociąg
odjeżdża. W Żarnowcu pierwsze
zapalają lampy.
1964

Petrol, or Life in Żarnowiec

for J.Ś.

A new model world: highgloss red
glistens in the sun, jacks, couplings,
levers, melancholy. Yesterday
I spent the night here, the boulevards strewn
with gravel naturally retain
last century's memories;
again I dreamt the stench of petrol
I touch flames: there are degrees
of warmth and heat and pain, as I walked
the street I saw a wedding, the bride
in the funeral colour of the Stoics, I was packing
my bags, I bought presents, in my dream
again I saw the most various faces,
footsteps covered with sand and now
I no longer believe what I see,
no longer see monuments or tools,
I'm packing my bags, flames burn us,
where am I where are you, I have a private
paradise in which corpses bloom,
you are the model of a new economy
to control prices and the value of dreams.
I draw up lists of problems
files are then checked convictions revised
diaries intimately read.
In my thoughts I return to palms and coconuts,
betrayed I despair on the rubble of history
bleached by fire. I test the strength
of walls, the hygiene of hospitals,
I organise concerts and fêtes:
in the evening I stroll along the boulevard
greeted by functionaries and crowds.
And again I fall into somnolence, reverie:
I command a cohort, go into exile,
plot, write secret memoranda,
set up a radio station, petrol explodes,
the evening air quivers at the edge,
the chess game is lost, my train
is leaving. In Żarnowiec they're lighting
the first lamps.

1964

Topografia wnętrza

H.K.

Osiedliśmy w krainie górzystej i zalesionej:
jest tu kilka jezior i strumyków, obłoczki
watolinowe przewalają się po lazurowym
przestworzu, a wieczorami, nim wzejdzie nów,
    płynie dźwięk fujarki czy fletu.

Raz na tydzień listy i gazety a czasem
nawet kolorowy żurnal mód. Na zboczu
zameczek któregoś Ludwika, w gablotkach
emalie i serwisy, broszki i makaty
    z bankietów, polowań i bitew.

Jest też stara karczma i kościół. W zrujnowanym
klasztorze straszy; kiedyś przeszła tędy wojna –
ponoć Luter się tu schronił. W lipcu zjeżdżają
turyści. Sklep z lodami otwarty do września
    ale za to w zimie jest spokój.

Zaś łaciata mgła porannego jeziora
polifonicznych liści skrzydeł łopoczących
promieni ptaków karkołomnego słońca
rozchyla szaty prute łodzią miejscowego
    kustosza urojonych pszczół.

X 1957

Interior Topography

for A.C.

We settled in a mountainous and wooded land:
there are a few lakes here and brooks; wadded
clouds surge and billow across an azure sky,
and in the evening, before the new moon rises,
       the flowing sound of a pipe or flute.

Once a week there are letters and newspapers,
sometimes even a glossy fashion magazine. On the slope
stands King Ludwig's castle; in his cabinets
are enamels and services, brooches and tapestries
       from banquets, battles and hunts.

There is also an old inn and a church. The ruined
cloister is haunted; the place was once swept by war –
they say that Luther was sheltered here. In July
the tourists come. Ice-cream is sold till September,
       and then in winter there is peace.

But the dappled mist of a morning lake
of polyphonic leaves of the fluttering wings
of a sharp ray of birds of a breakneck sun
parts the coat torn on the raft steered by a local
       keeper of imaginary bees.

X 1957

Poznanie przez opis

Jestem w sali przyjęć u księcia Es.
Zmierzch. Świece wniesiono i lampy.
Obrazy odbrązowionych przodków na ścianach
krytych boazerią, ściszone rozmowy
kilkunastu gości, ogień na kominku.
Przez okno zielono-zmysłowy krajobraz
krów, świątyń i cyprysów.

Pani Zet powiada Masło drożeje. Callas
śpiewa w *Normie*. Czytam ciekawą
powieść młodego Polaka. Baron de Fał myśli
Co za ciało. Profesor Krett odpowiada
w zamyśleniu Kontemplowałem neo-
platończyków w komnatach Villa Borghese.
Naga kobieta siedząca u źródła jest Prawdą.

Słychać już trele pierwszego słowika,
odurzający aromat roślin przedsennych
jest akordem krów i klawikordów.
Drzewa nad stawem w koronie płomieni.

Państwo do stołu proszą. Pomówimy
przy kawie o grzechu Adama.

III 1964

Knowledge by Description

I am in the reception hall of prince S.
Dusk. Candles and lamps are fetched.
Paintings of ungilded ancestors on panelled
walls, the muffled conversations
of a handful of guests, a fire in the hearth.
Through the window a greenly-sensual landscape
of cows, cypresses and shrines.

Lady Z. says Butter is getting dearer. Callas
is singing in *Norma*. I'm reading an interesting
novel by a young Pole. Baron de Foul thinks
What a body. Professor Krett answers
reflectively I was contemplating Neo-
Platonists in the apartments of the Villa Borghese.
Truth is a naked woman seated by a spring.

Already you can hear the first nightingale singing;
the intoxicating scent of somnolent plants
strikes an accord of cows and clavichords.
The trees by the pond stand in a crown of fire.

Dinner is served, our hosts call. We'll discuss
the sin of Adam over coffee.

III 1964

Wyspa Gaunilona

"pada śnieg czarne przemilkłe konary pory-
sowane szronem zdania trzeszczą w ogniu zmrożonego mózgu
dłonie tracą wyczucie węch ścina się na lód z pociech
zmysłowych w zaprzeczeniu dźwięków i barw rodzi się czysta
myśl o niedoskonałym bogu mnich grzeje ścierpłe paluchy
zapisuje logiczne etapy objawionych snów spieszy się
by zdążyć przed doczesnym wybuchem kwiatów i krwi
lecz wyspa odpływa nikną szorstkie domki rybaków
nacicha gwar mgły schodzą na pola nawet zimą sady
bieleją śnieg zasypuje ślady przewodów i dysput"

                  odsuwam brulion odkładam okulary
przecieram oczy robi się chłodno czuję zmęczenie
Nam w ciężkich czasach żyć przyszło

III 1964

Gaunilo's Island

"snow is falling black silence-soaked boughs sentences
scratched with frost crackle in the fire of a frozen brain
hands lose their feeling the sense of smell congeals into ice from sensual
consolations in the negation of sounds and colours a pure thought
is born about an imperfect god a monk warms numb stubby fingers
notes down the logical stages of revealed dreams hurries
to conclude before the temporal explosion of flowers and blood
but the island floats away the fishermen's rough dwellings vanish
murmurs subside mists descend on the fields even in winter
the orchards whiten snow covers the traces of arguments and
disputations"

                            I push away my notebook remove my glasses
rub my eyes it's growing chilly I feel tired
We happen to live in difficult times

III 1964

Samosąd

ulepiony z gliny babilońskiej na podobieństwo
człowieka panowałem bezwzględnie przez wieki
aż do powstania i zdrady ukrzyżowany za piłata z pontu
umarłem lecz zmartwychwstałem wykształcony w atenach
przetrwałem dni ucisku i wzgardy ostatnio wykruszam się
rdzewieję widują mnie jeszcze raz tu raz tam
na ołtarzu i w snach

                       lecz jedni
głoszą że już umarłem inni że byłem fikcją od samego
początku sfałszowali świadectwo przekupili gapiów
ktoś jeszcze dowodzi mojego istnienia jestem zmęczony
chciałbym już odejść śnieg za oknami tworzy geometrię
bieli całun rzeczywisty jest doskonalszy szóstego
dnia ulepiony liście soczyste zroszone nad ranem
mówią o mnie myślą o mnie więc dotąd jestem

Self-judgment

shaped from babylonian clay in the image
of man I ruled ruthlessly through the ages
until the revolt and betrayal crucified under pontius pilate
I died but rose again educated in athens
I survived the days of oppression and scorn lately I've been crumbling
rusting they still see me now here now there
on an altar and in dreams

                                             but some
proclaim me long dead others a fiction from the very
start they falsified the testimony bribed the gawkers
someone is still proving my existence I'm tired
I'd like to leave now the snow outside the windows forms a geometry
of white the real shroud is more perfect shaped
on the sixth day succulent leaves dewy in the morning
people speak of me think of me so I still exist

Pierwszy śnieg

pierwszego dnia naszej ery
na wyspie sumiram spadł pierwszy śnieg

wzory gwiazd pokryły
gnuśną zieleń tropikalnych drzew
wyspy sumiram

kiedy pierwszego dnia naszej ery
na wyspie sumiram padał śnieg
mieszkańcy spali
kiedy mieszkańcy spali na wyspie sumiram
padał śnieg
kiedy zbudzili się z zimna śnieg
wsiąkł już w parne podszycie

niektórzy twierdzą wręcz że pierwszego dnia naszej ery
zaraza i trzęsienie ziemi wyludniły
wyspę sumiram

nic więc dziwnego
że ani współczesne źródła
ani późniejsze podania
nie mówią nam nic
o śniegu który widocznie oszczędził wyspę sumiram

IX 1969

First Snow

on the first day of our era
on the island of sumiram the first snow fell

patterns of stars covered
the indolent green of the tropical forests
on the island of sumiram

while on the first day of our era
snow was falling on the island of sumiram
the inhabitants slept
while the inhabitants slept on the island of sumiram
snow was falling
when they woke from the cold the snow
had already vanished into the underbrush

some maintain simply that on the first day of our era
a plague and an earthquake depopulated
the island of sumiram

no wonder then
that both contemporary sources
and later traditions
tell us nothing
about the snow
which evidently spared the island of sumiram

IX 1969

Gdzieś w okolicy Babilonu

Trzeciego dnia kopiec na wzgórzu ujawnił nam pierwszą tajemnicę: dwa nieregularnie ciosane oszczepy. 7 centymetrów głębiej odkopaliśmy skorupy glinianych garnków. Sześć dni kruszyliśmy pozbawione śladów namiętności żyły granitu. Wreszcie w sobotę o zmierzchu zadziwił nas zniekształcony szkielet skrzydlatego jednorożca; obok hełmy z brązu, obrączki, tafelki z inwentarzem królewskich dóbr i mosiężne posążki bogini urodzaju Tamir.

Pod blisko trzynastometrowym nawarstwieniem rupieci, szczelnie opakowany w szorstki spłowiały karton, leżał pęknięty przez pół szafirowy kamień filozoficzny.

Somewhere near Babylon

On the third day the mound on the hill revealed to us its first secret: two rough-hewn spears. Seven inches further down we dug up clay potsherds. Six days we chipped at passionless granite veins. Finally at dusk on Saturday we were surprised by the deformed skeleton of a winged unicorn; nearby lay bronze helmets, gold rings, tablets recording the royal possessions and brazen images of Tamir, the fertility goddess.

Below a forty-odd-foot layer of rubbish, tightly packed in a crude faded cardboard box, lay the two sapphire halves of the philosopher's stone.

Incydent w dolinie

Leży pobity w rowie. Błaga litości. Przechodzę na drugą stronę. Gdybym zalał rany oliwą, w tych oczach zabłysłaby obleśna wdzięczność, której potem wstydziłby się do śmierci.

Więc przechodzę na przeciwną stronę i unikam skały, która właśnie obrywa się ze zbocza. W domu składam ofiarę z trzech białych jagniąt.

VIII 1966

Incident in a Valley

He lies beaten up in the ditch. Begs for compassion. I pass by on the other side. Had I salved his wounds with oil, his eyes would have shone with unctuous gratitude, and he would have been ashamed of that until death.

So I pass by on the other side and avoid the rock that has just fallen down the slope. At home I make a sacrificial offering of three white lambs.

VIII 1966

Incydent w świątyni

Oczywiście jestem biegły w piśmie
znam też Hezjoda i prawa Solona
Egipt zwiedziłem i wzgórza Koryntu
przechowuję warianty *Pieśni nad pieśniami*
patronuję młodym
kultywuję względy satrapów Augusta
lecz nie bez korzyści dla sprawy narodu.
Dziś w świątyni dosłyszałem szept:
"Dzięki Ci żeś nie stworzył mnie Faryzeuszem"
jakiś biedaczek może celnik
może pasterz zelota lub rybak
nie czytał Diona z Magnezji –
gdyby był mną toby go nie było.

Incident in a Temple

Naturally I have mastered writing
I also know Hesiod and Solon's laws
I've toured Egypt and the Corinthian hills
I preserve variants of the *Song of Songs*
act as young men's patron
cultivate the favours of Augustan satraps
though not without benefit to the nation.
Today in the Temple I heard a whisper:
"Thank You for not making me a Pharisee"
some poor fellow maybe a tax-gatherer
maybe a shepherd a zealot a fisherman
hasn't read Dion of Magnesia –
had he been me he would not have existed.

Incydent w Niebie

najpierw bito go w domu
ojciec zdolny buchalter grywał wieczorem na flecie
starsza siostra włóczyła się po knajpach
piwne oczy matki często zachodziły łzami
potem wstąpił do partii
potem wyfasował mundur
potem mianowany szefem obiektu strzeżonego drutem
potem ślub z córką neurologa
potem zaczęły napływać transporty
potem urodziło mu się dziecko
potem regularnie przychodziły dalsze transporty
w grudniu spadł pierwszy śnieg
odznaczony za sprawność i pilność
kupił synkowi grzechotkę i czerwony parowóz
wyspowiadał się i poszedł z żoną na pasterkę
w niebie radowało się 99 niewinnych

Incident in Heaven

as a child he was beaten at home
his father an able book-keeper played the flute in the evening
his elder sister roamed the pubs
his mother's hazel eyes often brimmed with tears
then he joined the party
then was issued a uniform
then was placed in charge of a fenced compound
then marriage to a neurologist's daughter
then the transports began to pour in
then the child was born
then further transports arriving regularly
in December the first snow fell
honoured for his efficiency and diligence
he bought his son a rattle and a red locomotive
confessed his sins took his wife to Midnight Mass
in Heaven 99 innocents rejoiced

Fragment

Dobrze jest być pierwiastkiem sprawdzalnego świata
zmysłowo przeczuwać kształty i przestrzenie
one stale zmienne, barwy ciągle kłamią
twarz uchwycona w spojrzeniu, zmyślona nad ranem,
stąd smutek, żal gestu, tonacji czy woni
które przebrzmiały.

Czymże jest więc nieśmiertelna dusza?
Jeśli – powiada Augustyn – ponadzmysłowa trwa wiecznie
jak rdzeń trójkąta, cóż o niej wiemy?
Boć nie tylko zapach desek w tartaku i krzyk mew na skałach
ale też prawa fizyki, wzory geometrii, ale treść logiczna
zdań kojarzy się z nocą letnią nagle na wsi:
Jak wyobrazić rozum bez ręki, bez oczu,
któż myśląc o przekątniach nie zauważy
łuku twoich włosów, nie usłyszy znajomych głosów
płynących z tarasu o zmierzchu w asymetrii gwiazd?

Fragment

It's good to be a particle of the verifiable world
sensuously to anticipate spaces and forms
they're always changing, colours ever deceiving
a face caught in a glance, thought up at dawn,
hence sorrow, the lament for a gesture a tone a scent
now faded.

What then is the immortal soul?
If – says Augustine – supersensual it lasts forever
like the essence of a triangle, what do we know of it?
For not only the scent of sawn wood and the gulls' cry on the rocks
but also physical laws, geometrical equations, the logical sense
of propositions suddenly fuse with a summer night in the country:
How imagine an armless eyeless reason,
who thinking of diagonals will not notice
the arc of your hair, not hear familiar voices
drifting from the terrace at dusk in the asymmetry of stars?

Słuchając któregoś kwartetu Schuberta

Dane mi jest słyszeć niesłychane zespoły dźwięków
dane mi jest badać strategię broni nuklearnej
dane mi jest pożądać przechodzące dziewczęta;
tysiąc lat temu nie słuchałbym Schuberta
ale wierzyłbym radośnie w świętych obcowanie
zaglądałbym ukradkiem w oczy śmiertelnych czarownic
i znałbym konfiguracje ptolemejskich gwiazd;
w każdej sytuacji w każdej epoce w każdym systemie
czegoś nie można dotknąć ręką
dojrzeć nawet przez mikroskop;
są doświadczenia
których nigdy nie pomieszczę w granicach tego życia

Listening to a Schubert Quartet

I'm destined to hear unheard-of clusters of sounds
to examine the strategy of nuclear arms
to lust after passing girls
a thousand years ago I wouldn't have listened to Schubert
but would have believed joyfully in the communion of saints
stolen a glance into the eyes of mortal witches
known the configurations of Ptolemaic stars;
in every situation in every era in every system
there is something that can't be touched
or even spotted under a microscope;
there are experiences
I'll never capture within the confines of this life

Wiedza i doświadczenie

Szary był to świat szarością kamienia
bezbarwny świat niemych filmów,
po katastrofie gospodarczej waliły się
odwieczne wartości, zastane zasady,
szukano winnych, zsyłano na wygnanie
rozstrzeliwano, rządy przejął zagubiony
sfrustrowany lud.

W ramach służby brał udział w całopaleniu
bibliotek, zabytków i zbiorów
nagromadzonych przez proroków
fałszywych. Niszczy w tej chwili kolekcję
sędziwego socjologa Teodora Z
a przede wszystkim jego własne dzieła
jego bruliony: kwestionował uzgodnione
prawdy zadawał pytania na tematy za-
kazane posiadał własną wizję przyszłości
uczył nowego zestroju nauk teraz jego
akapity wykresy adnotacje i syntezy
płoną w ogrodzie w którym pielęgnował
róże. Sierżant Kruk ma lat 20,
żonaty, już raz był w akcji, ale daleko
na południu, wprowadził się do
jednorodzinnego domku, grywa w szachy,
Hela założyła Koło Młodych Matek.

Jest zmierzch, niedługo kolacja i od-
poczynek, tymczasem płomienie i pot,
śpiew soków wieczornych, prawie księżyc
prawie gwiazdy, jęk maszyn i ptaków.
Kruk pierwszy raz w życiu zastanawia się
nad srebrem Tarczy Sobieskiego nad losem
Alfa Centaurii, rozważa w zatrzymanej chwili
kim jest kim chciałby być
wyrywa z ognia oczernione resztki
Wstępu do anatomii, wiotkie płaty
Podróży do Tasmanii; *Metafizyka bytu*
kruszy mu się w palcach, parzy mu
dłonie, gdy z pól już idzie popielaty chłód.
III 1979

Knowledge and Experience

The world was grey with the grey of stone
the colourless world of silent films
after the economic disaster traditional values
collapsed, as did received principles,
those responsible were sought out, exiled,
shot, a bewildered and frustrated people
seized power.

While on military duty he took part in the holocaust
of libraries, treasures and archives
accumulated by false prophets.
Now he is destroying a collection
belonging to the eminent sociologist Teodor Z.
his own works above all
his notebooks: he challenged accepted
truths, questioned topics then forbidden
possessed his own vision of the future
propagated a new theory of unified science now
his paragraphs diagrams annotations and syntheses
burn in the garden, in which he cultivated
roses. Sergeant Brown is twenty,
married, has already seen action once, but far
in the south, has moved into
a detached house, plays chess,
Linda has founded a Young Mothers' Group.

It's dusk, first dinner and then a rest
in the meantime flames and sweat,
the song of evening juices, almost a moon,
the stars almost out, the groan of machines and birds.
For the first time in his life Brown reflects
on the silver of Sobieski's Shield on the fate
of Alpha Centaurii, in a frozen moment considers
who he is, who he would like to be
from the flames he plucks the blackened remains
of *An Introduction to Anatomy,* the sooty traces
of *A Journey to Tasmania; The Metaphysics of Being*
crumbles in his fingers, scorches
his hands, as a grey chill drifts in from the fields.
III 1979

Oxford

mógłbym opisać rzekę
odwróconą w topolach
dzwony gazony kamienne
sklepienia

lecz chciałbym raczej stworzyć mit
który stałby się skarbcem zachwytu
a tego też nie potrafię

czasem trzeba po prostu
zamilczeć

Oxford

I could describe the river
reflected in the poplars
the bells the lawns the stone
domes

but I'd rather create a myth
that would be a treasury of bliss
yet this too escapes me

sometimes one has simply
to say nothing

Krajobraz bez króla

Przetrwałem pustynię, źródło buchające
wieczorem nie jest złudzeniem, widzę
nieznane nagrzane rośliny, wokół
kwiatów jak błękitne róże latają
znużone chrabąszcze; moje wielbłądy
moje mleczne konie zatonęły
w parnej zieleni.

       Siedzę na skórach
piję letnią wodę wspominam drogich
kompanów: Mieczysław kulą zbłąkaną zniszczony,
Ramon Suarez ukąsany nagle we śnie,
Chris Morland zaginął bez wieści,
Pierre Limousin rozłączony z Niną
zawrócił sam z torbą sucharów.

Rozpalam ogień, czytam szeptem
XVII rozdział *Księgi Rozumu*:
nad skalistą nicością
przesłoniętą mirażem wegetatywnej ironii
rozbrzmiewa sino-czerwona łuna skłamanego świtu.

IX 1965

Landscape with no King

I survived the desert, the spring gushing
in the evening is no illusion, I see
unknown hothouse plants, around
the flowers like blue roses fly
weary beetles; my camels
my milk-white horses have sunk
into sultry verdure.

      I sit on skins
drink tepid water recall dear
companions: Mieczysław felled by a stray bullet,
Ramon Suarez bitten suddenly in his sleep,
Chris Morland lost without a trace,
Pierre Limousin separated from Nina
returned alone with a bag of rusks.

I light a fire, read *sotto voce*
the 17th chapter of *The Book of Reason:*
on rocky nothingness
obscured by a mirage of vegetative irony
resounds the bruise-coloured glow of a mendacious dawn.

IX 1965

Słowa i pył

Ludzie ocierają się o życie
ocierają się o zapowiedzi drzew i skał
ocierają się o siebie
ostatnio zaczęli ocierać się
o dalekie kontynenty o gwiazdy nawet

Dzięki tej osmozie z szarości wszechświata
przedziera się widok na sosny jeziora lodowce i lwy
połyskują mienią się i śmieją w słońcu
obrysowane w poświacie księżyca
już iskrzy się krzemień wybłyska poezja
płomieni się miłość ogniskuje wzrok

Teraz śmierć ociera się o ludzi
kruszą się pękają rozpadają
ich pył ich gruz ich miałki żużel
opada na drzewa na skały na gwiazdy nawet
powłoka szarości pokrywa przedmioty
realne umowne
już nie można odróżnić
tronów od króli pamięci od wróżb
kapłanów od grozy ni kobiet od róż

1984

Words and Dust

People brush against life
brush against the foreshadowings of trees and rocks
brush against themselves
lately they've begun to brush against
distant continents against the stars even

Thanks to this osmosis a view from the grey of the universe
has opened onto pines lakes glaciers and lions
they glisten display their colours and laugh in the sun
silhouetted in the moon's glow
now flint is sparking poetry flashes
love is aflame the eye focussed

Now death rubs against people
they crumble crack disintegrate
their dust their rubble their fine cinders
settle on trees rocks on the stars even
a film of grey covers objects
both real and conventional
it's no longer possible to distinguish
thrones from kings memory from divination
women from roses or priests from damnation

1984

III

Lekcja poezji

Poeta
który kiedyś napisał
"kocham cię do szaleństwa"
a potem
"nuż ci w bżuh"

Teraz pisze
"Twoja twarz już nieczytelna
jak starta tablica nagrobna"

Krytycy tropią przemiany formalne
notują meandry stylu i wymowy

VI 1991

Poetry Lesson

The poet
who once wrote
"I love you passionately"
and later
"nife in yr gut"

Now writes
"Your face already illegible
like a worn stone"

Critics track the formal changes
and note the shift in style and expression

VI 1991

Rozdzieranie szat

Jesteś Królu nagi, co najwyżej ściśnięty
zbutwiałym pasem ratunkowym, bo pomyśl
nad jakim królestwem
objąłeś władzę po zgonie Ojca, kim
jest Kobieta z którą zawarłeś
ślub katedralny przy blasku fanfar,
dlaczego zaparli się Ciebie
dworacy paziowie stajenni?
Armia skruszyła kopie; zamek na wzgórzu
jest tęczą: zamysły które Ci czaszkę
uwierają zapragnąłeś narzucić
buhalterom karzełkom i kulawym psom.
Przeklął biskup wasze beznamiętne
łoże błyskawice cyprysy bażanty okazały się
tworami wyobraźni. Wystawiony na wiatr
wspominasz iluzoryczną przeszłość
poczciwy fantasto! Gdybyś choć urodził się
poetą potrafiłbyś może ocalić swój dar.

1962

Stripping

You are naked King, at best girded
by a rotten life-belt, for consider
over what kingdom
you took power on your Father's death, who
the Woman is with whom you contracted
marriage in a cathedral glowing with fanfare,
why courtiers pages and stable-boys
have renounced You.
The army has shattered its spears; the castle on the hill
is a rainbow: the plans that trouble
your mind you have wanted to force on
book-keepers and mongrel dwarfs.
The bishop has cursed your passionless
bed lightnings cypresses pheasants have appeared
as creatures of your imagination. Exposed to the wind
you remember an illusory past
kind-hearted phantast! Yet had you been born
a poet you might have salvaged your gift.

1962

Ostatni wiersz

Ten wiersz miał autorytatywnie podsumować
uzupełnić i zaokrąglić
postawić kropkę
nad światem i światem poezji
a tymczasem wymyka mi się
własnymi słowami
wyobraża człowieka w rozterce
jest sygnałem topniejącej gwiazdy
popisuje się metaforą
gorszy starsze panie
irytuje cenzorów i teoretyków poezji
niepostrzeżenie zapuszcza korzenie
już wmieszał się w tłumy wypisów
zanim ktoś krzyknął że to koniec świata

wiersz zamiast być klamrą
co spina granice wyjaśnień i świeci objawieniem
sam jest teraz jednym jeszcze przedmiotem
który wymaga inwentaryzacji i klasyfikacji
prosi się o zrozumienie wsparcie i współczucie

1975

Last Poem

This poem was to have authoritatively summed up
completed and rounded off
to have placed a full stop
after the world and the world of poetry
but meanwhile it eludes me
in its own words
it represents someone distraught
signals a melting star
flaunts its metaphor
scandalises old ladies
irritates the censors and theoreticians of poetry
imperceptibly strikes root
is already hiding in a host of anthologies
before someone shouts: this is the end of the world

instead of being a buckle
that clasps the limits of elucidation and shines with revelation
the poem is now itself just another object
that requires cataloguing and classifying
that asks for understanding support and commiseration

1975

Rzecz o poezji

(a)

(wiersz rozbity na głosy)

– Drogi mój Panie! wino wypite,
papieros spalony, dom w głuchej
spoczywa ciszy – czas więc
zbadać nasze założenia. Mamy
przecież lato kropla w kroplę
jak te, kiedy matka moja
(z domu Lazarowicz) w Krynicy
bawiła.

– Tak, niedługo północ wybije,
nie zasypiajmy gruszek w popiele:
w godzinę czarów zastanówmy się
nad istotą lata, które nas tak
znienacka napadło; a także nad
chemicznym składem wiśni, nad
kiełkującą myślą, której w słowie
nie sposób wyrazić.

    – Wyrwaliśmy się ponoć
z monotonii czasu, księżyc
za szybą na baczność stoi,
nieznośny nie bzyka świerszcz,
butelka pusta, Panie Gospodarzu,
umysł zmącony.

    – *Seigneur!* przykładowo biorę
krajobraz nadmorski: huczą fale mew,
brzegiem krąży człowiek
jak cień Ikarowych skrzydeł
na piasku – tak się nasz
mrówczy ściele melodramat!
Tyle tysięcy zginęło
na froncie, tyle w obozach,

Discourse on Poetry

(a)

(a poem for separate voices)

– My dear Sir! the wine's poured,
the cigarette stubbed, the house settled
into silence – time then
to examine our assumptions. Our
summer after all is exactly
like the one when mother
(*née* Lazarowicz) sojourned
in Krynica spa.

– Yes, it'll be the stroke of midnight soon,
let's remain vigilant:
at the witching hour let's reflect
on the essence of summer, that has come
so suddenly upon us; and also on
the cherrytree's chemistry, on
the germinating thought that a word
can in no way express.

– We seem to have escaped
time's monotony, the moon
stands to attention beyond the window-pane,
the intolerable cricket isn't chirping,
the bottle's empty, my dear Host,
the mind a muddle.

– *Seigneur!* I offer as an example
a seascape: waves of gulls shriek,
a man wanders the shore
like the shadow of Icarus' wings
on the sand – that's how our
ant-like melodrama unfolds!

So many thousands perished
at the front, so many in camps,

tyle z głodu, tyle od powietrza;
zrujnowano też zabytki,
pomniki, miejsca modlitwy
(choć zauważyłem niedawno,
że kościół Santa Maria dei Servi
w sercu Włoch jeszcze stoi),
kasyna gry i przytułki dla starców.

– Musimy życiu nadać kierunek.
Chętnie bym wypił
szklankę zimnej wody.

– Nie potrafię sercem objąć tych tysięcy.
Podobno jakieś szczególnie wielkie bomby
spadły na Japonię, podobno w Indiach
ludzie giną z głodu, w Chinach z konieczności
historycznej.

I straszna musiała być śmierć
w Pompei, Oświęcimiu i na Placu Niepodległości.

(przesłanie)

– Dnia 7 lipca zderzenie
czerwonego autobusu z błękitnym samochodem
na Placu Niepodległości
przykuło do kierownicy Jana Smolika
rosłego blondyna.

(b)

(ex cathedra)

Krzak róży rodzi piękno
w sposób naturalny,
dlatego w oczach ciągle mieli sceny
dolin pagórków
kwiatów i zieleni;
Keats mawiał że jeżeli
poezja nie przychodzi
jako liście drzew ...

so many from hunger, so many from foul air;
monuments, memorials, places of worship,
gaming casinos, old peoples' homes, were destroyed.
(Though I noticed recently
that the church of Santa Maria dei Servi
in the heart of Italy was still standing.)

– We have to give life direction.
I could do with
a glass of cold water.

– I cannot hold those thousands in my heart.
They say an especially big bomb
fell on Japan, they say in India
people are dying of hunger, in China of historical
necessity.

And it must have been terrible dying
in Pompeii, Auschwitz and Independence Square.

(envoy)

– On 7th July a collision
between a red bus and a blue motorcar
in Independence Square
pinned the tall, fair-haired John Small
to the steering wheel.

(b)

(ex cathedra)

The rosebush gives birth to beauty
in a natural manner,
hence in their eyes they always had scenes
of vales knolls
blossoms and verdure;
Keats used to say that if
Poetry comes not
as the Leaves to a tree ...

gwałcą ubóstwiają
matkę przyrodę
matkę naturę
stają się naturalni
silni i zdrowi
gardzą wiekiem moralistów
natura bowiem
nie jest tylko uzdrowiskiem
staje się ucieczką ...

Ci poezję tworzą nagą
jurną, językiem
oczyszczonym z niemoralnych
dymów miejskich

Lecz my tworzymy w innym
zgoła świecie:
ich pieśń wyrasta z gruntu
koci się w rowie,
nasza narzuca rzeczom formę
koła
utrzymujemy również że kastracje Chronosa
należą do przeszłości.

(apologia)

Nawet gorącym latem zielona
płaszczyzna Mantui bogato
obradza winem (Panie Gospodarzu!) –
weszła w nią praca wielu pokoleń
od świtu do zmierzchu
na mulistej glebie poprzecinanej
kratą kanałów
(Mincio latem wysycha
na wiosnę rwie brzegi
bydło topi i ludzi).
Praca na roli jest ciężka,
niewdzięczna, jedyną rozrywką
tańce, cyrk i boże ciało.

they violate they deify
mother nature
mother Natura
they become natural
healthy and strong

they despise the moralistic age
for nature
not only is a health farm
it has become an escape ...

Others create a poetry
naked and lustful in a tongue
cleansed of immoral
urban smog

But we create in an utterly
other world:
their song springs from the soil
calving in the ditch,
ours imposes on things the form
of a circle
we likewise maintain that castrations of Chronos
are a thing of the past.

(apologia)

Even in a hot summer the green
expanse of Mantua yields
its riches in wine (my dear Host!) –
so many generations have laboured there
from dawn to dusk
on oozy clay crisscrossed
by a grid of canals
(the Mincio dries up in summer
bursts its banks in spring
drowning cattle and people).
Working the land is hard,
thankless, the sole distractions
are dances, the circus, Corpus Christi.

(coda)

I właśnie widzę ich bachiczną
gawiedź uwalaną gnojem –
z gliny ulepieni
hardzi i kraśni w swoim chlewnym raju.

(c)

(że człowiek odradza się w pieśni)

Idzie członek burym lasem
podkpiwując sobie basem.

(d)

(głos prymitywnego reakcjonisty)

W iście strasznych czasach żyjemy!
Poezję zmieniono w reklamę
rymowanej puszki ananasów
w dziarski i prężny slogan
polityków
w tubę schizofrenii ptasich móżdżków!

Mówię im
sztuka dla sztuki
róża dla róży
(złoto do złota)
na co oni
ze zgrozą podnoszą krzaczaste ramiona:
zdradza pan socjalizm
zdradza pan święty ustrój kapitalizmu
obraża pan klasę robotniczą
kpi pan z bankierów
ubliża pan intelektualistom
kompromituje pan
teoretyków literatury stosowanej.

(coda)

And even now I see their bacchic
mob soiled with dung –
fashioned from clay
cocky and ruddy in their pigsty paradise.

(c)

(that man is reborn in song)

codpiece walks the darkling wood
basso profondo mocking God

(d)

(voice of a primitive reactionary)

Verily we live in terrible times!
Poetry has become a marketing
rhyme for crates of pineapples
a vigorous and sprightly slogan
for politicians
a loudhailer for schizophrenic birdbrains!

I say to them
art for art's sake
a rose for a rose
(gold to gold)
at which they
raise in horror their shaggy arms:
you're betraying socialism
you're betraying the holy capitalist system
you're insulting the working class
you scoff at bankers
you offend the intellectuals
you compromise
the theoreticians of applied literature.

(e)

(głos nieuleczalnego romantyka)

Gospodarzu drogi, spójrz
przez okno w głąb swego
cudnego ogrodu:
scena godna Chateaubrianda,
Coleridge'a, Malczewskiego
i współczesnych im niemieckich
pejzażystów dziś już zapomnianych –
niezadługo mroczne
szkielety zmienią się w konary
dobrze mi znanych drzew,
powietrze przeszyje suchy skowyt kuchennego psa.

Czy moja wyobraźnia przepali
zaspane oczy szoferów
i zgniłą powłokę sklepikarek?

(f)

(głosy oficerów sztabowych)

– Całuję rączki pani jenerałowej!
– Cześć czołem ból i ojczyzna!
– Bądź gotów!

(g)

(sentymentalne interludium)

Dawniej św(ięty) Fr(anciszek)
po falach stąpał, w biały dzień
na oczach wsi całej odlatywano
prosto do nieba
a dziś to tylko w kinie oglądamy

Minął wiek złoty minął bezpowrotnie!

(e)

(voice of an incurable romantic)

My dear Host, have a look
out of the window into the depths of your
wonderful garden:
a scene worthy of Chateaubriand,
Coleridge, Malczewski
and their contemporary now forgotten
German landscape painters –
before long dark
skeletons will turn into boughs
of trees I know well,
the kitchen dog's dry yelp will pierce
the air.

Will my imagination burn through
the sleep-heavy eyes of chauffeurs
and the rotten hide of shopgirls?

(f)

(the voices of staff officers)

– I compliment the general's consort!
– Hail salute Gog and the Fatherland!
– Be prepared!

(g)

(a sentimental interlude)

Once upon a time S(ain)t Fr(ancis)
walked the waves, in broad daylight
with the whole village watching people would fly
right to heaven
but today that happens only in the movies

The golden age is gone gone forever!

(h)

(inwokacja)

Panie Gospodarzu,
różowe palce jutrzenki
wzywają nas do dziennych zajęć;
nie udało nam się wstrzymać czasu,
choć pamiętam chwilę taką
w żółtym Nimfenburgu
kiedy szemrzące elipsy fontanny
i gwiazda żwirem wysypanych
ścieżek przywiodła mi na myśl
zmrożony byt Euklidesa.

Zamierzałem o tym wiersz
napisać, lecz, jak Pan zapewne wie,
najtrudniej tworzyć na wybrany
temat: zanudzały mnie więc banalne
obrazy kolejek po chleb
i symbolicznych bestii renesansu.

1959

(h)

(invocation)

My dear Host,
dawn's rosy fingers
recall us to our daily tasks;
we've failed to stop time,
though I remember a moment
in yellow Nymphenburg
when a fountain ellipse
and a star of gravel-strewn
paths brought to mind
the frozen world of Euclid.

I meant to write a poem
about it, but, as you Sir certainly know,
the hardest thing is composing on a chosen
theme: so I was being bored by the banal
images of people queueing for bread
and of the symbolic beasts of the Renaissance.

1959

Lingua Adamica

Postanowił stworzyć wreszcie
język bezwzględnie lakoniczny jednoznacznie stalowy
aby usunąć na zawsze
krwawe ambiwalencje i dymne zasłony wyobraźni.

Lecz słowa
wielostronne a tłuste wulgarne i błahe
nieobliczalne złote pożądliwe uparte i cierpkie
oparły się ostracyzmowi
torturze
systematycznej eliminacji
zmetaforyzowane personifikacje
skryły się w zapomnianych edycjach snów
wyklęte porzekadła przelatywały z ust do ust
w ciemnych zaułkach miasteczek
o wysokim procencie bezrobotnych
i niebieskookich dziewcząt.

Przetrwawszy epokę ucisku
wróciły w poetyckich obrazach plugawych romansach
procesach pokazowych donosach kazaniach na górze
znów są bezwstydnym zwierciadłem
naszych przewidzeń zauroczeń klątw obelg marzeń i łgarstw.

Lingua Adamica

He resolved at last to create
a language unconditionally laconic unequivocally fixed
so as to banish for ever
the bloody ambivalences and smokescreens of the imagination.

But the words
multiform and greasy vulgar and trivial
unpredictable golden lustful stubborn and harsh
defied ostracism
torture
systematic elimination
metaphorical personifications
hid in forgotten editions of dreams
cursed sayings flitted from mouth to mouth
in the dark alleys of small towns
with a high rate of unemployed
and green-eyed girls.

Having endured an era of oppression
they returned in poetic images trashy best-sellers
show trials denunciations sermons on the mount,
once again a shameless mirror
of our illusions, bewitchments, anathemas, insults, reveries and lies.

Miasto wczoraj i dziś

W starym grodzie
na skwerze wśród przetrzebionych platanów
stoją obok siebie fasady wyludnionych poetyk,
terza rima już dawno wyblakła
wyszarpane z framug kuplety
sklepienia sonetów spękane
raj utracony w rokokowej rozsypce
zachwaszczony ogród Marvella
wykrusza się attyka trenów
w epoce budownictwa funkcjonalnego
nie ma użytku dla piekła dla czyśćca
a prefabrykat horacjańskich pieśni
wilgocią syty, na balkonie
schnie tania bielizna, w drzwiach
kobieta przedwcześnie zgrzybiała

osaczeni jednokierunkowym ruchem
w urbanistyce bohaterskich planistów
obywatele skarżą się na kryzys
piękna kryzys brzydoty stoją w kolejce
nieufni bezradni

III 1979

The City Yesterday and Today

In an old city
on a square amid thinned-out plane-trees
the façades of depopulated poetics stand side by side,
the *terza rima* long since faded
the couplets wrenched from their frames
cracked vaults of sonnets
paradise lost in rococo ruin
Marvell's garden choked with weeds
the attica of elegies crumbles
in an era of functional building
what's the use of hell or purgatory or
the damp-filled prefabs of Horatian odes,
on the balcony
cheap linen is drying, in the doorway
a woman prematurely old

trapped in a one-way traffic
system designed by planning pioneers
the citizens complain of a crisis
of beauty a crisis of ugliness join queues
helpless, suspicious

III 1979

Oczyszczanie starego wiersza

Kiedyś jego poematy, obramowane złotem, wisiały w komnatach królewskich. *Sielanka* w sali bankietowej, *Batalia Honoru ze Śmiercią* i *Odsiecz Toledo* w sali tronowej, *Sąd Parysa* i *Danae* w pomieszczeniach prywatnych, późniejsze *Memento mori* w oranżerii, *Ukrzyżowanie* w kaplicy.

Bardzo szybko Piotr N. uzyskał stanowisko nadwornego artysty i wiele godzin spędził na portretowaniu rodziny królewskiej, biskupów, kanclerzy, hetmanów i sędziów. Z biegiem czasu, pod wpływem lektur i medytacji, a także cnotliwego, pełnego poświęceń żywota księżniczki Zenobii, na kanwach Piotra coraz częściej pojawiały się tematy zaczerpnięte z Pisma Św. i historii Kościoła.

Ceniono go wpierw za "wirtuozerię kolorystyczną" i "pirotechnikę rymotwórczą", później za "wierność naturze" i "zmysł kompozycyjny", a w pracach ostatnich za "powagę", "wzniosły sens moralny" i "ascezę środków wyrazu".

W latach kryzysu gospodarczego po śmierci króla, kolekcję rozproszono po rezydencjach magnatów całej Europy. *Sielanka* jest teraz w muzeum w Haarlem, *Sąd Parysa* w zbiorach lorda O'Malley, losy *Ukrzyżowania* są nieznane, *Odsiecz Toledo* i *Memento mori* spłonęły w oblężeniu Drezna, *Danae* ukryto w lochach Watykanu, o *Batalii* mówiono, że jest fałszerstwem, portrety zapomnianych wielkości zdobią obecnie sale ratuszy i bibliotek miejskich Alzacji.

Niedawno znalazłem w pewnym antykwariacie florenckim osiemnastowieczne wydanie *Batalii* oprawione w skórę. Gdzież ta "wirtuozeria kolorystyczna", myślałem, gdzież "wierność naturze", skoro kontury i barwy zdań są pokryte brunatną powłoką czasu. Pełen dziwnej wiary w geniusz Piotra N., oddałem *Batalię* do oczyszczenia. Delikatna praca restauracyjna trwała wiele miesięcy. Zanikały słowa brudne i kłamliwe. Zza lepkiej woalki wynurzały się powoli zdania dźwięczne i harmonijne. Potwierdzono autentyczność *Batalii*. Rentgen ujawnił jednak, że tekst jest palimpsestem nałożonym na poemat, który miejscami zdradzał motywy arkadyjskie, a miejscami motywy Męki Pańskiej. Rzeczoznawcy wyrazili wreszcie sensacyjne zdanie, że mój poemat jest nawarstwieniem palimpsestów, przedstawiającym w sumie całokształt twórczości Piotra N.

Cleaning an Old Poem

Framed in gold, his poems once hung in the royal apartments. *Pastoral* in the banquet hall, *The Combat of Honour with Death* and *The Relief of Toledo* in the throne room, *The Judgment of Paris* and *Danae* in private chambers, the later *Memento mori* in the orangery, *The Crucifixion* in the chapel.

Piotr N. very quickly obtained a post as court artist, and spent many hours on portraits of the royal family, bishops, chancellors, commanders and judges. With time, under the influence of reading and meditation and of the virtuous and dedicated life of Princess Zenobia, Piotr more and more often filled his canvases with themes drawn from Holy Scripture and Church history.

He was valued at first for "colouristic virtuosity" and "rhyming pyrotechnics," later for "fidelity to nature" and "a sense of composition," and in his last works for "gravity," "elevated moral sense" and "ascetic means of expression."

In the years of economic crisis following the king's death, the collection was dispersed into the residences of lords and princes across the whole of Europe. *Pastoral* is now in a museum in Haarlem, *The Judgment of Paris* in the collections of Lord O'Malley, the fate of *The Crucifixion* is unknown, *The Relief of Toledo* and *Memento mori* were burnt during the siege of Dresden, *Danae* was hidden in the cellars of the Vatican, and *The Combat* is said to have been a forgery; the portraits of forgotten worthies now adorn the chambers of town halls and public libraries in Alsace.

Not long ago in a certain second-hand bookshop in Florence I came across a leather-bound eighteenth-century edition of *The Combat*. So where is this "colouristic virtuosity"? I wondered, where the "fidelity to nature"? A good many of the contours and colours of his sentences were covered with a brownish film of time. Full of a curious faith in Piotr N.'s genius, I sent *The Combat* for cleaning. The delicate task of restoration took many months. The grimy and mendacious words disappeared. From behind the sticky veil there slowly emerged resonant and harmonious sentences. The authenticity of *The Combat* was confirmed. Yet X-rays revealed that the text was a palimpsest laid over a poem which in some places betrayed Arcadian elements, in others traces of the Passion. In the end the experts offered the sensational opinion that my poem is a layer of palimpsests representing the sum total of Piotr N.'s oeuvre.

Oczyszczony tekst nie opisywał więc żadnej integralnej sceny i nadal ukrywał się w dwuznacznościach, mgławicach i ciemniach. Rano wabiło mnie miodowe ciało Heleny, w południe zdawało mi się, że mogę odczytać zarysy pochmurnego nieba, rycerzy w zbroi i przełęczy skalistej buchającej ogniem i dymem, o zmierzchu z kotłowiska słów wynurzał się taniec śmierci. Ale w chwilach statecznej rozwagi przekonuję się, że dość fantazyjnie dopowiadam sobie treści, które bynajmniej nie objawiają się spontanicznie w zbitkach liter.

A czasem jednak raduję się, że w takich skromnych ramkach posiadłem esencję twórczości Piotra i myślę, że gdyby tak na błonach jednej kanwy można było utrwalić całe doświadczenie ludzkości, miałbym w ręku coś zbliżonego do kamienia filozoficznego.

VI 1981

So the cleaned text did not depict a complete scene and was as before hidden in ambiguities, mists and shadows. In the morning the honeyed body of Helen would entice me, in the afternoon it seemed I could make out sketches of a cloudy sky, knights in armour and stony mountain passes bursting with fire and smoke, while at dusk the dance of death emerged from the swirl of words. But in moments of sober reflection I am convinced that I quite fancifully conjure up themes which by no means spontaneously appear in the clusters of letters.

At times though I delight in the fact that within such a modest framework I acquired the essence of Piotr's *oeuvre,* and think that if it were possible to preserve on the surfaces of a single canvas all human experience, I would have in my possession something like the philosopher's stone.

VI 1981

Babilon II

klasyczne proporcje w zmierzonej przestrzeni
konkluzja zgodna z klarownym przesłaniem
na moście pociąg w dole karny strumień
a jednak pożar potop gwałt i pożądanie

1990

Babylon II

classical proportions in measured space
agreeable conclusions and lucid grace
a train on a bridge an irrigated field
and yet arson violence treachery and greed

1990

Św. Sebastian

pamięci J.Ś. (1928–1944)

I

Dziś, stając pod murem,
Oczy ma zawiązane:
Osaczony niewidzialnym ślepym otoczony kołem
Powieki zaciska ostatni raz.

II

Późną nocą,
Gdy Irena dała znak,
Wyszły na drogę
Kolczastych kamieni.

Krzyk sowy.

Skostniałe nagie ciało spróchniałe
Stargane strzałami.

III

Z zimnych ścian kamiennej komnaty
Mozaikowe oczy śledziły
Starca w szatach króla-maga,
Zrabowanych na Wschodzie.
(Złotą mirrą zdławiony
Odurzony marmurowy bóg
Z ołtarza światem władał).
Był on jak dziecko,
Rozbijając zabawkę-życie człowieka,
Który też, gdy świat stary umierał,
Ręką oczy przysłaniał, gwiazdy na wschodnim niebie szukając.

St Sebastian

In memory of
J.Ś. (1928–1944)

I

Today, beneath the wall,
He stands blindfolded:
Held at bay beset by an invisible blind circle,
He closes his eyes for the last time

II

Late at night
When Irena gave the signal,
The women departed for the way
Of thorny stones

An owl's shriek

Hardened naked flesh decayed
Torn by arrows

III

From the cold walls of a stone chamber
Mosaic eyes stalked
An old man in the robes
– Plundered in the East –
Of a magus-king.
(Stifled with gold myrrh
The dazed marble god
Ruled the world from the altar.)
He was like a child,
Smashing the toy-life of someone
Who also, when the old world was dying,
Laid his hand across his eyes, seeking a star in the eastern sky.

IV

Oczy przestraszone
Biała delikatna
Ręka na
Spalonym ciele
Szepty
Płacz
I wycie psów w ciemnościach.

V

Lecz wówczas
On widział ich przed sobą,
W słońcu prężących muskuły i łuki.

VI

Zaś Łazarz po śmierci
Żywot spokojny wiódł,
Panu na śmierć idącemu
Do stołu z Martą podawał.

X 1953

IV

Frightened eyes
A white delicate
Hand on
Scorched flesh

Whispers
Tears
And the howl of dogs in the dark.

V

But at that time
He saw them before him
Flexing their muscles and bows in the sun.

VI

While after death Lazarus
Led a quiet life,
At table he and Martha
Served the deathbound Lord.

X 1953

Z albumu

I

Z wiekiem, mój drogi, gęstnieje nostalgia
powiedział
mam dużo zdjęć
muszę to wszystko kiedyś uporządkować
Wolę też rozmawiać z tobą na uboczu
brzęczy mi w uszach tłum

Miała na sobie wieczorową suknię
zieloną wzorzystą
w ogrodzie
przed koncertem w zameczku
strategicznie uczepionym skarpy
nadmorskiego Kentu
Za dnia była słota i mgła
teraz nagle słońce
przecięte słonym powietrzem
rozbłysło w jej włosach
Powiedział
nie mam aparatu
nie utrwalę tej chwili

II

że można wrócić do miejsca, ale nie można cofnąć się w czasie

że każde miejsce jest dla kogoś nasycone wspomnieniem,
a obcy przechodzi obojętnie obok

że gdy zaznamy chwili zachwytu, trwać w niej chcemy wiecznie,
ale przecież kosztem iluż niedoświadczonych jeszcze dni

że starczy pajęczyna czułości i pamięć przemyta wyobraźnią

III

Gdybym był poetą, zamiast banalnych sentencji
miałbym tu przepiękny poemat

coś mi się rozsypuje w ręku
nazwano to jesiennym liściem
nazwano także ręką i rozpaczą
1981

From an Album

I

With age, my dear, nostalgia thickens
he said
I've many snapshots
I'll have to sort them out one day
I also prefer to talk with you in private
the crowd is buzzing in my ears

She had on an evening dress
a green pattern
in the garden
before the concert in a manor
perched strategically on the cliff
of seaside Kent
Foul weather and fog for days
now suddenly the sun
sheathed in the salt air
blazed in her hair
He said
I haven't a camera
I shan't preserve this moment

II

that it is possible to return to a place, but impossible to turn back in time

that every place is saturated with remembrance for someone, yet of no
concern to someone else walking past

that when we experience a moment of bliss, we want to dwell in it forever,
though at the cost of how many days still to be known

that a cobweb of feeling and memory washed by imagination will suffice

III

If I were a poet, instead of banal maxims
I should have here a very fine poem
something is crumbling in my hand
it's been called an autumn leaf
it's also called a hand and despair
1981

Portret familijny

Na tym obrazie jest moja rodzina
w komplecie, pośrodku w sinym surducie
stoi ojciec, po lewej wuj Hieronim, po prawej
matka, koło niej my z bratem Jankiem,
młodszą siostrą Olą, którą trzyma pod ramię
kuzyn Albert Mirosław, właśnie wrócił z Francji.
Ta pani siwa w czarnym, co siedzi przy
wuju, to babcia, już nie chodzi, służba
ją do pozy zniosła, za jej fotelem
jest ciocia Jula, która mieszka sama
w małym domku za rzeką, a przy niej,
z ręką na oparciu krzesła, żona Mirosława,
pani Karolina, jedynaczka, zażywa laudanum,
reformy obmyśla, w sztambuchu wpisała:
"makata całością obrazu, z pojedynczych
włókien tkana ..."

        Malarza ojciec
sprowadził z Utrechtu, za poleceniem
doktora Rytweldta, gdzie był zasłynął
jako portrecista stylem wyrazistszym
i kolorytem z Tycjana czerpiącym.
Na przestrzennej kanwie są więc wszyscy żywi
i jak żywych nas widać pod pędzlem
van Crughta. Brak tu co prawda stryja
Stanisława, o którym wieść zaginęła
w parnej dolinie Tlucq de Ruberón,
nie ma też praojca, księcia Ambrożego,
który tu nas osiedlił, ani oczywiście
trojaczków mojej siostry Oli.

        Od kwietnia do września
po kształtach przesuwa się słońce, odbite
promienie oślepiają twarze, wieczorem
przy świecach ręce babci drżą, profile
po lewej zakrywają cienie, a nocą gdy śpimy,
ramy blado błyszczą, zacieśniają prostokąt
kruszących się farb.

V 1985

Family Portrait

In this painting my family appears
complete; in the middle in a dark-blue frockcoat
stands father, on the left uncle Hieronymus, on the right
mother, my brother Janek and I next to her,
with our younger sister Ola, who has her arm around
cousin Albert Mirosław, just returned from France.
The grey-haired lady in black, sitting beside
uncle, is granny; she no longer walks; servants
brought her down to the sitting; behind her chair
is aunt Jula, who lives alone
in a small house across the river, and beside her,
her arm resting on the chair, Mirosław's wife
Caroline, an only child, who takes laudanum,
and thinks up reforms; in the autograph-album she inscribed:
"the tapestry of the picture is a whole,
woven from single threads . . ."

           Father had the painter
brought from Utrecht, on the recommendation
of Dr. Rytveldt, where he had earned fame
as a portraitist of a more expressive style,
his colours borrowed from Titian.
On the spacious canvas then are all the living
brought to life under van Crught's
brush. True, uncle Stanisław
is missing, he disappeared without trace
in the sultry valley of Tlucq de Ruberón;
as is our forefather, prince Ambrose,
who established us here, and of course
my sister Ola's triplets.

           From April to September
the sun moves across the figures, the reflected rays
dazzling their faces, at nightfall
by candlelight granny's hands tremble, shadows
fall on the profiles to the left, and at night as we sleep,
the frame glimmers faintly, tightening the rectangle
of crumbling colours.

V 1985

Pamiątka

Matce

"*Rupertowi w dniu imienin*" na egzemplarzu Fedona
"*kochanej małżonce*" wyryte w miedzi
"*Julkowi za celujące wyniki – dumny ojciec*"
są zdania jest papier metal i kamień
czyż słowa nie mogą trwać w pamięci
osób kochanych, a nawet
po wszystkie czasy w sumieniu
pokoleń? Wymagałoby miłości nieograniczonej
dlatego musimy ryć w miedzi kuć w kamieniu
dlatego szczególnie żałosne są
witryny antykwariatów, w których oglądamy
miedź kamień i złoto trwalsze
od najgorętszych wyznań, zaklęć i uczuć:
srebrny zegarek w kopercie,
puchar, piedestał pomnika,
płyta kamienna, rękojeść szpady;
na nich skupia się
uwaga, gdy już nie jest wiadomo
kim był Rupert kim cesarz Aldoni kim
kochająca matka; podziwiamy kunszt
snycerski sumienną robotę złotników
cierpliwe skupienie zegarmistrzów
nęci nas zapach skóry Fedona
oko wstrzymuje "*Johannes me fecit*";
lecz znów nie wiemy czy to sam brelok nas łudzi
czy też jest tylko zwierciadłem
w którym staramy się dojrzeć postać człowieka
i wstyd nam że inaczej nie potrafimy
w świadomości go przechować dłużej niż
przelot jesiennego ptaka

Lockington Grove, 1976

Token of Remembrance

for my mother

"For Rupert on his birthday" in a copy of the *Phaedo*
"To my dear wife" engraved in copper
"To Hubert for his excellent grades – a proud father"
there are words there is paper metal or stone
can words really not last in the memory
of the beloved, nor even
for all time in the conscience
of generations? That would take boundless love
and this is why we have to engrave in copper hammer in stone
and this is why the display windows of antique shops
are especially pitiful; we see there
copper stone and gold more enduring
than the warmest confessions spells and feelings:
a silver watch in a case,
a cup, the pedestal of a monument,
a stone slab, the hilt of a sword;
we focus our attention on these
when we no longer know
who Rupert was who was emperor Aldoni or
the loving mother; we admire the woodcutter's
artistry the conscientious work of goldsmiths
the patient concentration of watchmakers
the leather scent of the *Phaedo* entices us
the eye is caught by *"Johannes me fecit"*;
but again we don't know whether the pendant itself deceives us
whether it too is only a mirror
in which we try to glimpse a human shape
and are ashamed that we are otherwise unable
to retain it in our consciousness longer than
a passing autumn bird

Lockington Grove, 1976

IV

Złoty wiek

H.K.

Skąd wiedzieć mogłem, że w młodości
przeżyję wiek złoty: przecież jak zwykle
były wojny, najazdy, drakońskie reformy,
przecież chodzili wśród nas biedni,
cierpieli chorzy; wilcze mrozy kiedy ojciec
pracę stracił, potem powodzie, głód;
gazety dużo pisały o "tonącej barce
naszego przemysłu", wspominały
dawno miniony wiek złoty karnych
robotników.

    Wuj Hipolit podważał
pretensje Nowej Sztuki, kpił
z gniewnej młodzieży

        Nawet
zasłuchana w muzykę ogrodu
matka wzdychała do lat zaprzeszłych,
ranków jak jedwab, wieczorów jak
przystań

    Teraz w lustrze
widzę pierwsze siwe włosy
zniosłem zawody i klęski
doświadczyłem szczęścia i miłości
nigdy nie byłem w Isfahanie
już chyba nie zdążę i w ogóle
nie wiem, czy mi na tym zależy

      Norwidowa rosa
połyskuje w trawie na kopcu kryjącym
szkielety herosów: zastanawiam się,
czy ci wyznać, że to nasz wiek złoty,
lecz nie mam odwagi, coś we mnie łka
i drży:

Golden Age

for A.C.

How could I have known that in my youth
I would experience the golden age: since as usual
there were wars, invasions, draconian reforms,
since the poor walked among us, the sick
suffered; and there were wolfish frosts when father
lost his job, and then floods and hunger;
newspapers wrote a lot about "the sinking ship
of our industry", recalling
the long-gone golden age of disciplined
workers.

    Uncle Theodore shook
the pretensions of the New Art, mocked
the angry young men

        Even
mother, engrossed in the music of the garden,
sighed for the past perfect years,
mornings like silk, evenings like
safe haven

    Now in the mirror
I see the first grey hairs
I've suffered setbacks and defeats
experienced happiness and love
was never in Isfahan
I'll probably never make it now
and I'm not sure I'm keen enough

    Norwid's dew
glistens in the grass on a hill covering
the bones of heroes: I wonder
if I should confess that this is our golden age,
but I lack the courage, something in me sobs
and trembles:

"Łzy, łzy bezsensowne
czyż oznaczają rozpacz bezgraniczną:
w sercu się rodzą, zaciemniają oczy
zwrócone ku sadom radosnej jesieni
w zadumie nad porą, która nie powróci"

III 1979

"Tears, idle tears
tears from the depth of some divine despair:
rise in the heart, and gather to the eyes,
in looking on the happy autumn-fields,
and thinking of the days that are no more"

III 1979

Podobno w roku 1911

oblodzone szczyty przepadały wieczorem
nocą szumiały platany rano kwitły astry
w miastach mnożyli się mieszkańcy lecz jednak

był to świat niedomyślany
świat bez pamięci
nieobjęty moim wzrokiem
świat niedopracowany
niezdecydowany
mężczyźni bez dusz
kobiety bez ciał
nieba bez chmur
ptaki bez skrzydeł
życie bez gniewu

Ludzie poruszali się tylko na ekranie muzyki słuchali z płyt
często znikali na długie miesiące
w ich zielnikach skruszone zapisy

Dopiero po roku 1934 wszechświat stał się realny,
soczysty, przestrzenny. Pomnożyły się
gwiazdozbiory, ożyły skreślone jaskółki

kobiety nabrały kształtów i barw.

1991

Apparently in 1911

icy peaks disappeared at dusk
plane-trees rustled at night asters bloomed at dawn
in cities inhabitants multiplied but yet

it was an underthought world
a world without memory
unobserved by me
lacking in detail
indecisive
men without souls
women without bodies
the sky without clouds
birds without wings
life without anger

People moved only on screen listened to records
often they vanished for months at a time
in their herbariums crushed notes

Not until after 1934 did the universe become real,
succulent, spatial. Constellations
multiplied, sketched swallows came to life

women acquired shape and colour.

1991

Wakacje nad morzem

Pociąg przekreślał w poprzek
dymiące niedopałki ulic
i cienie wieczornych domów.

Swiatła reklam
słupy telegraficzne
drzewa światła drzewa
ciemność.

Gdy wreszcie ostatnia zwrotnica
zgrzytnęła za nami,
otworzyliśmy drzwi
w ciszę wilgotnej nocy.

Nie pytani o bilety
poszliśmy wzdłuż nasypu
pobrzękując blaszanymi wiaderkami;
w bose pięty wrzynał nam się żwir.

I tak błądziliśmy po zboczach gór
trzymając się nawzajem
za rękawy rozdartych koszul.

Przed nami wschodziły i zachodziły
słońca i gwiazdy.
Jurek powiedział,
że napisze o tym list do gazety,
że zostanie bogaty i sławny.

Nagle słony wiatr orzeźwił zakurzone
myśli, suche stopy
wyczuły giętkość morskiego piasku,
a na gardle usiadł zimny skurcz.

Seaside Holiday

The train flashed across
the smoking embers of streets
the shadows of evening houses.

Neon lights
telegraph poles
trees lights trees
darkness.

When finally the last points
grated behind us
we opened the doors
onto the hush of a damp night.

No one checked our tickets;
and we walked along the embankment
rattling our tin buckets;
gravel cut into our bare feet.

And so we strayed over mountain slopes
each hanging on to the other
by the sleeves of frayed shirts.

Suns and stars
rose and set before us;
Jurek said
he'd write a letter to the press about it
get rich and famous.

Suddenly a salt wind stirred dusty
thoughts dry feet
felt the supple give of the sea's sand
and a cold tightness settled on the throat.

Tam, w mglistym świetle księżyca
rozpryskiwały się czyste fale
obmywając zaśmiecony brzeg;

i słony ten wiatr
schwycił lepki papierek
po czekoladowych lodach
i przywiał go nam do stóp.

V 1955

There, in the misty light of the moon
clear waves broke
washing the littered shore;

and the salt wind
snatched paper sticky
with chocolate ice-cream
and blew it to our feet.

V 1955

Ja i ty

Wystrugaliśmy z rdzawej kory czółenka,
z patyczków zatkniemy im maszty
i żagle z kawałków gazet;
teraz na zmarszczoną kałużę
puścimy je pod wiatr.

I oto już płyną na sam środek
chwiejąc się i drgając
poza zasięgiem naszych rąk.

Ponad nami szumią obnażone drzewa
i majaczy pastelowe słońce.

Wychodzimy też czasem
nad brzeg wód wielkich i czystych,
a nawet nad spienione falą
morze; tam puszczamy
kaczki, które hop hop po wodzie
przelecą i giną.

Tak prowadzimy z sobą dialog.

Niech mówią za nas zimowe gałęzie
lub żaglówka z kory dębowej
teraz już gdzieś daleko na niezmiernym
oceanie.

III 1956

You and I

We carved boats from rust-coloured bark;
we'll raise masts of twigs
and sails torn from newspapers;
here on the wrinkled puddle
we'll give them to the wind.

And there they are now
drifting to the very centre
tossing and trembling
beyond our reach.

Above us the murmur of bare trees
and a pale spectral sun.

Sometimes we also walk
to the edge of the great clear waters
and even to the foaming
sea, where we play
ducks and drakes, which skip skip on the water
fly briefly then sink.

This is our dialogue.

Let the winter branches speak for us
or the sailboats of oak bark,
now somewhere well out on the boundless
ocean.

III 1956

Oda do młodości

Miał zarys przeszłości
szczęsny serdeczny a srogi
lecz od czasu do czasu
ktoś umierał
to znów ktoś niszczył
papiery i listy
to znów ktoś tłukł
wazę lub talerz
licytował srebro
wyniesiono też spróchniałą szafę
jesienią uwiądł krzak bzu
wreszcie i dom sprzedano
a cały czas myślał
że jednak przeszłość
za nim cicho kroczy
aż po którejś nie przespanej nocy
obejrzał się
O przywróć głosy morzem zgłuszone
Oddaj zabawki zagubione w piasku!

Ode to Youth

He had an outline of the past
happy and warm yet fierce
but from time to time
someone died
then again someone destroyed
papers and letters
then again someone broke
a vase or a plate
auctioned silver
a mouldering wardrobe was also removed
in autumn the lilac bush withered
finally the house too was sold
and all the time he thought
that nevertheless the past
stalked him quietly
until on a certain sleepless night
he glanced over his shoulder
O restore the voices the sea has drowned
Return the toys lost in the sand!

Prowokacja

Jest więc muzyka oddalającego się cyrku
drogą spękaną. Której strzegą prastare
topole. Komuż to jednak do głowy przychodzi
dąć w puzony, bić w bębny skwarnym popołudniem,
kiedy foki, białe niedźwiedzie i smoki
rozkosznie drzemią, klowni grają w oczko,
kuglarze flirtują z garbuską, a karły bliźniaki
pilnie zszywają ekscentryczną ciotkę,
byłą kochankę leninowskich norm?
Mnie już nie dziwi ten karawan strachu,
nic nie wyjaśnię trampoliną dźwięków;
nalot odwołam w pamiętnej obsesji,
by znaleźć spokój w zgładzonym dzieciństwie.

Provocation

There then is the music of the circus departing
on a rutted track guarded by age-old
poplars. But whose idea was it
to blow horns and beat drums on a scorching afternoon,
when seals, polar bears and dragons
are blissfully drowsing, clowns playing poker,
jugglers flirting with the hunchback, twin dwarfs
assiduously stitching up the eccentric aunt
an erstwhile lover of Leninist norms?
This cavalcade of fear no longer surprises,
I'll explain nothing with the springboard of sounds;
I'll give the all-clear in obsessive memory,
to find peace in annihilated childhood.

Broadstairs 1937

Człowiek stoi
patrzy przed siebie
za nim jest morze
gwar plaży
przed nim skały piasek
unoszą się mewy
unosi się smród wodorostów
zapalił papierosa
stoi oparty o poręcz
w szortach w białym kapeluszu
kobieta która do niego podbiega
a za nią pies i dziewczynka
chce mu zrobić zdjęcie
mała też ustawia się
do fotografii
ale on niecierpliwie macha ręką
i wolno odwraca się do huczących wód
dziewczynka płacze pies szczeka
Choć bez czułej błony
jest to chwila
którą latami będzie przywoływał
skrycie
nieodwołalnie

1986

Broadstairs 1937

A man stands
looking ahead
behind him the sea
the hubbub of the shore
before him rocks and sand
seagulls rising in the air
the rising stench of seaweed
he lights a cigarette
stands leaning on the rail
in shorts and a white cap
a woman who is running towards him
(behind her a dog and a girl)
wants to take his picture
the child too is posing
for the photo
but he waves his hand impatiently
and slowly turns back to the booming waters
the girl cries the dog barks
Although without sensitive film
this is a moment
which for years he will summon
secretly
irrevocably

1986

Osa w piwie

jest matowe popołudnie
w parku:
u schyłku lata drzewa pełne
liści, aleja kurzu i ludzi
w okularach słonecznych
o kunsztownej oprawie;
z prawej strony egzotyczna wieża,
z lewej ławki, jezioro.

*Sceny banalne tkwią w pamięci świeże i
wyraźne. Inne, zdawałoby się bardziej
dla nas istotne, szybko się zacierają.
Jakaś przypadkowa obserwacja
przytłacza naszą świadomość, staje się
kamieniem milowym. Tu, mówimy sobie
trochę zdziwieni, zaczyna się nowy
świat ...*

zamyślony, popijam kawę, łokciami
wsparty o splamioną serwetę

siedząca obok mnie pani
w kwiecistym kapeluszu
łowi osę
w kuflu piwa

X 1956

A Wasp in the Beer

matt afternoon in the park:
summer's end the trees full
of leaves, the path of dust and people
in fashionable sunglasses;
to the right an exotic tower,
to the left benches and a lake.

*Banal scenes stick in the memory fresh
and distinct. Others seemingly more
important are quickly effaced. A chance
observation overwhelms consciousness,
becomes a milestone. Here, we tell our-
selves a little surprised, a new world is
beginning . . .*

deep in thought, I sip my coffee, elbows
on the soiled tablecloth

sitting opposite me a woman
in a flowered hat
fishes for a wasp
in a mug of beer

X 1956

Miłość

Z piekieł wychodzą
ona za nim
zaocznie

Niepewna kto wiedzie
żądna spojrzenia

Traci nie widząc
gdy spojrzy straci

Do piekieł schodzą
on za nią
zaocznie

IV 1996

Love

They emerge from hell
she behind him
unseeing

Unsure who's leading
demands a look

She loses not seeing
she loses sighted

They descend into hell
he behind her
unseeing

IV 1996

Nieskończenie

Człowiek zastanawia się
czy jego życie przypomina
ogród angielski porą jesienną
mozaikę miłości i lęku
tkaninę w której przewija się nić błękitna
mapę w odwzorowaniu Merkatora
pokreśloną grubymi kredkami
gruzy jakiegoś osiedla
zamazany portret rodzinny
prześwietloną mgławicową kliszę
potarganą rybacką sieć

w lustrze widzi twarz której nie poznaje

i nie wie który wizerunek jest trafny
żyje jeszcze i żyć może długo

1990

Infinitely

A man wonders
whether his life resembles
an English garden on an autumn day
a mosaic of love and dread
a fabric with a streak of blue
a map in Mercator's projection
scored with thick crayons
the ruins of some settlement
a blurred family portrait
an overexposed negative
a torn fishnet

in the mirror he sees a face he can't recognise

and doesn't know which likeness is true
he's still alive and might live long

1990

And the pleached medlars of Oxborough Hall

Późne słońce rozświetliło trawnik
cricket białe flanele
stuk odbijanej piłki oklaski

Witraż katedry wreszcie czytelnie prześwietlony
poświęcenie sztandarów i *Rule Britannia*
Na dziedzińcu szkarłatna orkiestra
maszeruje bębni dmie

Pierwsze wiosenne liście
kwitnąca magnolia
wiśnia osiwiała wcześnie

Jest porządek natury
godność obrządku i reguł
ufność pilastrów
ołtarzy i sklepień

Ten świat ładu spokoju radości
nie pasuje teraz do ciebie i mnie
jak nie pasował już do naszych dziecięcych
gwałtownych lat
jak ten wiersz nie pasuje do swego tytułu
który tylko dwojgu wtajemniczonym
potrafi wycisnąć łzy

V 1996

And the pleached medlars of Oxborough Hall

A late sun illuminates the lawn
cricket white flannels
the click of batted balls, applause

The cathedral's stained glass at last legibly alight
dedication of regimental colours and *Rule Britannia*
outside a scarlet band
marches and drums and blows

The first spring leaves
a flowering magnolia
a cherry prematurely white

The order of nature
dignity of ritual and rule
faith in pilasters
altars vaults

This world of order peace and joy
no longer fits you or me
as it no longer fits the years
of our disturbed childhoods
as this poem doesn't fit its title
which can reduce to tears
only the two initiates

V 1996

Mała elegia nagle

Wieczorne instrumenty stroją
    A ciebie już nie ma
Słońce wschodzi w ptaków sporze
    A ciebie już nie ma
Kobieta odkrywa się w lustrze
    A ciebie już nie ma
W cichej wodzie swoją ciemność wróży
    Gdy ciebie już nie ma
W oczach łzy a za oknem róże
    Lecz ciebie już nie ma

VI 1991

A Small Elegy Suddenly

The evening instruments are tuned
   Yet you are gone
Sunlight enters in the birds' dispute
   Yet you are gone
A woman in the mirror, naked,
   Yet you are gone
Foretells her darkness in still waters
   When you are gone
Eyes in tears – and outside, roses
   But you are gone

VI 1991

V

Z cyklu Komentarze

Ex libris

Książka jest pouczającą metaforą życia:
widzi litery których nie potrafi złączyć w słowa
lub duka słowa lecz nie pojmuje ich znaczeń
lub nawet rozumie znaczenia poszczególnych słów i zdań
a wymyka mu się sens całości

Uczyłem się sylabizować z elementarza oprawionego w czerwony papier
                                                                    olejny
była wojna siedziałem przy małej lampce naftowej
daleko od domu
Potem miałem do wyboru
ilustrowany japoński pzewodnik orintologiczny
podręcznik francuskiego z rysunkiem opadających liści *(automne)*
i chłopczyka w marynarskim ubranku (*enfant* a może *garçon*)
szkice z historii starożytnej Bliskiego Wschodu oraz
erotyczno-mistyczne medytacje hinduskie ascety Gotamo
w tłoczonej oprawie

Moja pierwsza biblioteczka składała się ze skrzynki zawieszonej na
ścianie nad łóżkiem: stał na niej w ramce wyflaczonego budzika portrecik
Słowackiego wycięty z gazety

nie bez melancholii rozpamiętuję losy
    zagubionych sentencji Heraklita
    spopielonej biblioteki w Aleksandrii
    zaprzepaszczonych rękopisów Norwida
    unikatów spalonych w Warszawie

Teraz lustruję moje nie skatalogowane szeregi i myślę: Czy wrócę kiedyś
do *Lalki, Potopu,* Miłosza, kiedy wreszcie przeczytam Tołstoja,
dokończę Conrada; czyje dzieła przeglądam po raz ostatni, które wezmę
na bezludną wyspę? Może –

Fenomenologię duszy Russella
Poezye zebrane Gombrowicza
Komedię pomyłek Kafki

1981

From the sequence of Commentaries

Ex libris

A book is an instructive metaphor of life:
he sees letters he can't form into words
or stammers out words but fails to grasp their meanings
or even understands the meanings of particular words and sentences
and yet cannot grasp the sense of the whole

I learned to spell from a primer bound in red oil-paper
it was wartime I used to sit by a small paraffin lamp
far from home
Later I had a choice:
an illustrated Japanese bird-guide
a French textbook with drawings of falling leaves (*automne*)
and a small boy in a sailor's suit (*enfant* or maybe *garçon*)
essays on the history of the ancient Near East and also
erotico-mystical Hindu meditations by the ascetic Gotamo
in a stamped binding

My first small library consisted of a chest hung on the wall above my
bed: on it in the frame of a gutted alarm clock stood a portrait of Słowacki
cut from a newspaper

not without melancholy do I recall the fates
   of the lost propositions of Heraclitus
   the library burnt to ashes in Alexandria
   Norwid's lost manuscripts
   the unique copies burnt in Warsaw

Now I examine my uncatalogued rows and think: will I ever return to
Prus's *Doll,* Sienkiewicz's *Deluge*, Miłosz; when will I finally get
through Tolstoy, finish Conrad; whose works am I perusing for the last
time, which will I take to a desert island? Maybe –

   Russell's *Phenomenology of Soul*
   Gombrowicz's *Compleat Poesy*
   Kafka's *Comedy of Errors*

1981

Dziewczyna w oknie

Kiedyś w poemacie wskrzesiłem bezimiennie zmyślonych "zapomnianych dziś niemieckich pejzażystów" XIX stulecia. Jednym z nich mógł być Caspar David Friedrich, choć jego pejzaże mają rzekomo wymowę symboliczną. Ale *Dziewczyna w oknie* nie jest przecież w ogóle pejzażem, nawet jeśli uwzględnimy widok z okna, zasłonięty prawie całkiem jej głową i tułowiem: fragment masztu i rwany szpaler drzew wystarczą, byśmy sobie wyobrazili zatajony krajobraz, który dziewczyna ogląda.

Musimy także wyobrazić sobie jej twarz. Cóż to za malarz, co dając nam tak niewiele: ciemne, surowe wnętrze, odwróconą tyłem dziewczynę – skłania naszą imaginację, by za niego pracowała! Uczynniejszy byłby David Hockney, który umieściłby nad koroną jej włosów balonik ze słowami: *twarz w której utonęli liczni kochankowie,* lub *Sabina widziana z pokładu "Księcia Brabancji",* lub nawet, *panowie, umyślnie odwróciłem ją tyłem: rzeczywistość nigdy nie dorównuje ideałowi.*

Nie zapominajmy też o mędrcu z rodzimego Królewca. W jego tomach nie ma co prawda miejsca na drżące pobrzeża wyobraźni, ale jednak napotykamy zdania, które *in concreto* mają ilustrować tezy o kategoriach niezmiennych ludzkiego rozumu. Jest tam więc coś o kuli na poduszce i kulistym odcisku na poduszce, jest coś o rzeczywistych i urojonych talarach, jest wreszcie opis statku płynącego w dół rzeki, a raczej opis koniecznego następstwa etapów percepcji, świadczącego o zdeterminowanym rusztowaniu czasu i przestrzeni.

Dlaczego więc kobieta Caspara podbiegła do okna: czy żegna kochanka, czy jak ćma zniewolona jest światłem, czy też ma twarz rozjaśnioną olśnieniem, że w ciszy przepływający statek jest paradygmatem nieuchronnych kategorii ludzkiej świadomości? I niech mi żaden pedant nie podpowiada, że to po prostu Karolina, żona malarza, cierpliwie i bezwolnie ozdabia mizerną framugę okna i obrazu.

Ale przecież maszt znieruchomiał, znieruchomiała ona: obraz wręcz przeczy mędrcowi. Wiedział też coś o tym John Keats, który na urnie greckiej wstrzymał gesty kochanków i nadto skłonił bryłę marmuru, by nam brzuchomówiła, że tu właśnie skupia się całe piękno, cała prawda i że więcej wiedzieć nikomu nie trzeba.

1976

Girl at the Window

In a poem I once restored to life imaginary nameless "now forgotten German landscape painters" of the nineteenth century. One of them might have been Caspar David Friedrich, although his landscapes are supposed to have symbolic meaning. But *Girl at the Window* is surely not a landscape at all, even if we allow for the view from the window, a view obscured almost entirely by the girl's head and torso: the fragment of a mast and a broken line of trees are enough for us to imagine the concealed landscape the girl is observing.

We have to imagine her face as well. What sort of painter was this fellow, offering us so little: a dark, austere interior, a girl with her back turned – compelling our imagination to work on his behalf! The young David Hockney would have been more obliging; he would have placed a balloon on the crown of the girl's hair with the words: *A face in which many lovers have drowned,* or *Sabina seen from the deck of the "Prince of Brabant,"* or even, *Gentlemen, I have turned her back on purpose: reality is never a match for the ideal.*

Nor let us forget about the sage from native Königsberg. In his volumes there is to be sure no place for the quivering peripheries of the imagination, but we do come across sentences that are meant to illustrate *in concreto* theses about the unchanging categories of human understanding. So we find something there about a sphere on a cushion and a spherical impression on the cushion, also something about real and imaginary thalers; there is even a description of a boat drifting downriver, or rather a description of the necessary succession of the stages of perception, testifying to the determinate scaffolding of space and time.

Why then has Caspar's woman run up to the window: is she bidding farewell to a lover, is she like a moth compelled by the light, or is her face lit by the revelation that in the silence the boat drifting past is a paradigm of the inevitable categories of human consciousness? And let no pedant prompt me that she is merely Caroline, the painter's wife, patiently and unwillingly adorning the humble frame of the window and the painting.

But surely the mast is still, as is the girl: the painting flatly contradicts the sage. John Keats too knew something about this; on a Grecian urn he froze the gestures of lovers and in addition compelled a marble block to ventriloquise for us, that here precisely all beauty is gathered, the whole truth, and that no one need know more.

1976

Słowa

W sobotę 8 maja 1971 r. po obiedzie wyjeżdżam samochodem z Cheltenham do Londynu. Droga jest pusta, bo już zaczęła się w Wembley rozgrywka piłkarska o puchar Anglii.

Miodową falistość Cotswolds modeluje emaliowane niebo i ciemna zieleń. Rano był telefon od matki, że ojciec chyba nie przeżyje operacji na raka prostaty. Syn prosi, bym go wziął z sobą. Ma 9 lat. Tłumaczę mu, że widok nie będzie przyjemny i dziadek go w malignie nawet nie rozpozna. Ostatni raz grał z nim w szachy w grudniu – niech to mu zostanie w pamięci. Nie zdaję sobie na razie sprawy, że kwestia słuszności mojej decyzji będzie mnie długo nękać, szczególnie, że tego dnia ojciec wróci jeszcze do przytomności.

Krajobraz jest więc wyzzuty z patosu, którego należałoby w takiej chwili oczekiwać. Cechuje go raczej krystaliczność, którą zwykle wyróżniają się przedmioty widziane okiem ogniskującym żywym uczuciem. Dlatego utwierdzam się w – błędnym zresztą – przekonaniu, że jadę okolicą, która była natchnieniem zauroczonej *"doliny utkanej zbożem"* Samuela Palmera.

W dzień pogrzebu wypada mi jeszcze seminarium, na którym mam omówić życie i twórczość Ludwika W., zmarłego właśnie 20 lat temu na raka prostaty. Często rozważał samobójstwo, gnębiła go świadomość, że jest niezrozumiały, przerażała go *"ciemność naszych czasów"*, lecz tuż przed śmiercią w Cambridge zawołał, *"Tell them, I've had a wonderful life!"*.

Czy chciał nam przypomnieć słowa w młodości spisane na froncie wschodnim: *"Wer glücklich ist, der darf keine Furcht haben. Auch nicht vor dem Tode"*? Tegoż dnia (w czwartek, 8 lipca 1916 r.) ojciec notował w *3 latach w marszu I-ej Brygady*: "Zdobycze mieliśmy tylko moralne – straty liczne i krwawe. W rękach Moskali zostawiliśmy tylko okopy i ziemniaki. Austryjacy jednak uchodzili w popłochu ...".

W "palmerowskich" chwilach ukojenia, przejaśnienia i uspokojenia, ostatnie słowa L.W. cisną mi się na usta i zastanawiam się, czy, gdy przyjdzie czas, wydam sobie podobny osąd ostateczny i czy akurat ktoś go posłyszy.

Words

After lunch on Saturday 8 May 1971 I drive from Cheltenham to London. The road is deserted, for the cup-tie has already begun at Wembley. The enamelled sky and dark greenery shape the honeyed undulations of the Cotswolds.

Mother rang in the morning to say that father probably won't survive the operation for prostate cancer. My son asks if I'll take him with me. He is nine. I explain to him that the sight will not be pleasant and that grandfather in his delirium will not even recognise him. The last time they played chess together was in December – let this remain in his memory. As yet I don't realise that I will long be haunted by the question of the appropriateness of my decision, especially since on this day father will still return to consciousness.

So the landscape is deprived of the pathos that might be expected at such a moment. Instead it is marked by a crystalline clarity of the sort that usually distinguishes objects seen with an eye focussing with strong emotion. And this is why I am confirmed in the conviction – mistaken, as it happens – that I am driving through the region that inspired Samuel Palmer's enchanted *Valley Thick with Corn*.

On the day of the funeral it turns out that I still have to lead a seminar on the life and work of Ludwig W., who died just twenty years earlier of prostate cancer. He often contemplated suicide, tormented himself with the conviction that he was misunderstood, and was horrified by "the darkness of this time," but just before his death in Cambridge he called out: "Tell them, I've had a wonderful life!"

Did he want to remind us of the words he wrote as a young man on the Eastern Front: "*Wer glücklich ist, der darf keine Furcht haben. Auch nicht vor dem Tode"?** On the very same day (Thursday 8th July 1916) father was writing in *Three Years on the March with the First Brigade*: "Ours were moral conquests only – our losses were many and bloody. We left nothing but trenches and potatoes for the Muscovites. But the Austrians retreated in panic."

In "Palmer-like" moments of intoxication, clarity and calm, L. W.'s last words rise to my lips and I wonder whether, when the time comes, I shall deliver a similar final judgement on myself and whether anyone will actually hear it.

---

* "The happy person needn't be afraid. Not even of death." (*Transl.*)

Durobrivae, czyli Roczester

Nie zapisuję snów. Zwykle zapominam je zaraz po przebudzeniu. Ale sen wkrótce po osiedleniu się tu jest wyraźny i konkretny: słoneczne popołudnie pod koniec ubiegłego stulecia. Poszczególne sceny nie przedstawiają żadnych znanych mi dziś widoków ale w sennej jawie wiem dobrze, gdzie jestem. W pamięci zostaje kilka szczegółów, choć nie one głównie decydują o ważkości zjawiska, lecz charakter błogiej słodyczy.

Jestem zupełnie głuchy na głos dziejów. O domniemanych przyczynach tej ułomności muszę kiedyś napisać. A jednak Durobrivae ...

Może dlatego, że nie jest Oxfordem, Krakowem czy Wenecją, ani też nowoczesną maszyną mieszkalną: strategicznie położony gród w kolanie rzeki Medway na szlaku z kontynentu poprzez Dover i Canterbury do Londynu przypomina raczej Płock. Tam, gdzie mieścił się kiedyś obóz Wespazjana, jest teraz baszta normandska, mury obronne, skromna lecz wiekowa katedra, domki w najróżniejszych stylach od elżbietańskiego poprzez holenderski i neoklasyczny do wskrzeszonego gotyku. Nasz biskup de Merton ufundował *college* oksfordski, który darzę szczególnym afektem.

Na cmentarzu St Margaret's, kiedy słońce zachodzi za rzeką i światło łagodnie pada na grobowce, drzewa i wiktoriańskie wille, powietrze układa się w sklepienia i drży.

Kiedyś krajobraz bawarski posłużył mi za wykres topografii wewnętrznej, lecz tu po raz pierwszy sam zapis realiów jest znaczący. Może to *genius loci*, może mój wiek *nel mezzo del cammin*. Jednym odpowiada życie wielkomiejskie, inni zaszywają się w dolinach, inni nad morzem kontemplują wieczność; mnie zaś wybrało osiedle, którego charakter niełatwo sprecyzować. Są tu więc nieco zaniedbane zabytki, rozpadające się rudery, jest port, są fabryki i warsztaty, jest rzeka, która czasem mieni się w słońcu, czasem cuchnie, gdy wiatr jest z północy.

Gdzież więc objawia się moja esencja? Czy na licytacji tandetnych mebli, w nocnym buczeniu syren, podczas amatorskiego koncertu w katedrze, na ulubionym spacerze w górę St Margaret's, kiedy rozmawiam z przypadkowo spotkanym Ralphem, czy gdy babcia w delikatesach znów pogodnie zagaduje:

Durobrivae, or Rochester

I don't record my dreams. I normally forget them as soon as I wake. But a dream I had shortly after settling here is distinct and concrete: it was a sunny afternoon towards the end of the last century. Particular scenes represent no views familiar to me, but in the dream-state I know perfectly well where I am. A few details have remained in my memory, although by and large they do not determine the force of this experience, only its character of blissful mellowness.

I am utterly deaf to the voice of history. One day I must write about the alleged reasons for this defect. And yet, Durobrivae . . .

Perhaps because it isn't Oxford, Kraków, or Venice, nor a contemporary "machine for living," this fortified city strategically placed at a bend in the Medway on the route from the Continent by way of Dover and Canterbury to London reminds me of Płock. On the site where Vespasian's camp once stood, there are now fortified walls, a Norman tower, a modest yet ancient cathedral, and small houses in a great variety of styles from Elizabethan through Dutch and Neo-classical to Gothic Revival. Our bishop de Merton founded an Oxford college, for which I have a special affection.

In St. Margaret's cemetery, when the sun is setting beyond the river and the light is falling gently on the graves, trees and Victorian residences, the air takes the shape of vaults and trembles.

A Bavarian landscape once served as a diagram of my interior topography, but here for the first time the mere record of facts is significant. Perhaps it's the *genius loci,* perhaps my age *nel mezzo del cammin.* Some find that life in the big city suits them, while others enclose themselves in valleys; still others contemplate eternity by the sea. But I was chosen by a settlement whose character is not easily determined. So here one finds crumbling monuments, delapidated shacks; there is a harbour, and factories and workshops; there is a river that sometimes shimmers in the sun, and sometimes stinks when the wind is from the north.

Where then does my essence reveal itself? Is it at an auction of tatty furniture, in the wailing of sirens at night, during an amateur concert in the cathedral, on a favourite walk up St. Margaret's, when I chat with Ralph, met by chance, or when the old girl in the delicatessen cheerfully asks:

– To zamówienie pana C. czy pana K.? Jesteście panowie tak podobni. Ale widzę, że pan sam nie bardzo jest pewny.

Jestem głuchy na historię. Więc dlatego chyba jest mi obojętne, że stoją tu jeszcze budowle, gdzie podobno Henryk VIII spotkał Anne de Clèves i gościła Elżbieta I, gdzie po powrocie z wygnania przespał się Karol II, gdzie schroniła się Wiktoria, kiedy burza most na Medwayu zerwała; że często z urzędu przybywał tu sekretarz admiralicji Samuel Pepys i w chwilach wolnych od zajęć całował powolne dziewczęta.

Z drugiej strony nie jest mi obojętne, że przecież z Roczesteru pisał autor *Pochwały głupoty*: "Szkoła angielska, w której przedtem nie wykładano niczego poza Aleksandrem i pismami Arystotelesa w skażonej przez skotystów postaci, otworzyła podwoje dla studiów humanistycznych. Zaczyna się wykładać matematykę [...] czyta się bardzo wielu autorów, nie znanych dawniej nawet z imienia", że później, pod koniec życia, na plebanii St Margaret's skarżył się na upały Sam Johnson; że koło zakreślone osią w Roczesterze zagarnia Gravesend, gdzie z pokładu "*Margaret Evans*" Norwid żegnał Europę; Shoreham, gdzie Palmer dostąpił łaski; Ashford, gdzie jest grób Simone Weil; że ze swego Rye'u przywędrował tu kiedyś Burra – pod koniec życia kronikarz krajobrazu Kentu – szkicować prospekt na katedrę z wyżyn Frindsbury. Tak, ale to nie jest historia, jest to dziś, może cokolwiek dalej.

Razem ze snem zwykł mi się kojarzyć widok zbocza nad rzeką porośniętego zachwaszczoną trawą; tam na ławeczce z wyłamanym oparciem siedzi Ann z Irenką i Stefanem. Jest chwila w dalekiej przyszłości. Przybyli z różnych stron, wspominają tu spędzone lata, od czasu do czasu mówią coś o mnie, ale ja już jestem głuchy na wszystko.

1978

– Is this Mr. C's order or Mr. K's? You two gentlemen are so alike. And I can see you yourself aren't very sure either.

I am deaf to history. That is probably why I am indifferent to the fact that here the buildings still stand where Henry VIII is said to have met Anne de Clèves and Elizabeth I entertained, where Charles II spent the night after his return from exile, where Victoria took refuge when a storm washed away a bridge over the Medway; or that the Secretary of the Admiralty Samuel Pepys was often here on official business and in his free moments used to kiss pliant girls.

On the other hand I am not indifferent to the fact that it was from Rochester that the author of *Praise of Folly* wrote: "The English school, in which previously nothing was expounded apart from Alexander and Aristotle's writings in the form corrupted by the Scotists, has opened its doors to humanistic studies. They are beginning to teach mathematics [. . .] and reading many authors, formerly unknown even by name"; that later, towards the end of his life, Sam Johnson complained of the sweltering heat in St. Margaret's vicarage; that a circle with its centre in Rochester takes in Gravesend, where from the deck of the *Margaret Evans* Norwid bid farewell to Europe; Shoreham, where Palmer was granted ecstasy; and Ashford, where Simone Weil lies buried; or that Burra – towards the end of his life a chronicler of the Kentish landscape – once made his way here from his home in Rye in order to sketch the prospect onto the cathedral from the heights of Frindsbury. Yes, but this is not history, "this is today, though somewhat far."

With the dream I used to associate the view of the riverbank overgrown with grass run to seed; there on a bench with a broken support sit Ann, Irena and Stefan. It is a moment in the distant future. Having arrived from different parts, they reminisce over the years spent here; from time to time they mention me, but I'm now deaf to it all.

1978

Desolation Sound, czyli głos rozpaczy

(1) Odkrywając zachodnie wybrzeże Ameryki Północnej, które dziś nosi nazwę Brytyjskiej Kolumbii, kapitan George Vancouver notował, że jego pobyt tam był "naprawdę żałosny", a mianując cieśninę *"Desolation"*, podkreślił jej "wygląd posępnyłi nieszczęsny".

Reagując tak pod koniec XVIII stulecia, wyrażał pogląd współczesnych, którym odpowiadała przyroda ufryzowana i podporządkowana. Nie mógł wiedzieć, że już niedługo zachwycać zaczną niebotyczne szczyty i przepaściste wąwozy.

(2) Obserwuję zachód słońca nad Canim Lake. Tu góry są niskie, zaokrąglone, woda uciszona, choć gdzieś na lewo niebo kłębi się i grzmi. Chmury nasycone są odcieniami fioletu i siności. Przyroda znów imituje sztukę: są to bowiem zachmurzenia znane z malowideł XVIII stulecia, w których barwy zdają się być mdłe, wyblakłe, jakieś zupełnie nieprawdziwe. Dopiero dzięki bohaterskim wojażom i podróżom odkrywców i traperów mam możność zweryfikować wizjonerski realizm neoklasycznych rzemieślników.

Zachęcony potwierdzeniem, że sztuka wyjaśnia mi zjawiska przyrody (a nie na odwrót, jak to się zwykle tłumaczy) próbuję sobie przypomnieć fragmenty wiersza pisanego kiedyś w północnej Walii, ale poza *"pluskiem ryby"* ten szorstki tekst w żaden sposób nie chce mi się nałożyć na obecny krajobraz. W głowie mam zgrzyty i dysonanse, aż wreszcie kontentują mnie słowa Czaykowskiego: *"zdawało mi się – zasnąłem na chwilę"*.

Jak z obrazu płynie do mnie z jeziora absolutna cisza – coś w rodzaju *still life*, ale nie martwa natura (*"still-born"*), lecz raczej życie zastygłe lub uspokojone, lub nawet "życie wciąż i jeszcze". Muzyka jest koniecznie dźwiękiem, obraz jest koniecznie niemy, ale rzeczywistość pozwala sobie na różne melanże, tak że w tej chwili ciszę pogłębia bulgot fal drobniutkich, jak rączki dziecka.

(3) Jest w tym kraju niezliczona ilość gór. Jedna więcej, jedna mniej nie może robić żadnej różnicy, a jednak ta wydała się komuś zbędna, niepotrzebna. Ale to już nie poetycka dusza kapitana nazwała szczyt

Desolation Sound, or the Voice of Despair

(1) While exploring the west coast of North America, part of which is known today as British Columbia, captain George Vancouver noted in his diary that his stay there was 'truly forlorn', and by calling the narrows *Desolation Sound* stressed its 'dismal and gloomy appearance'.

In reacting like this at the end of the eighteenth century, he was expressing the contemporary view to which a trimmed and ordered nature answered. He couldn't have known that soaring peaks and precipitous ravines were already beginning to produce delight.

(2) I watch the sunset at Canim Lake. The mountains here are low and rounded, the water calm, although somewhere to my left the sky is swirling and rumbling. The heavy clouds are shades of violet and blue. Nature is again imitating art: here are the cloudscapes known from eighteenth-century paintings, in which the colours appear insipid, pale, somehow entirely unreal. It is only thanks to the heroic voyages and journeys of explorers and trappers that I have this chance of verifying the visionary realism of neo-classical craftsmen.

Encouraged by the confirmation that art elucidates for me the phenomena of nature (and not the other way round, as the usual explanation has it), I try to recall bits of a poem I once wrote in North Wales, but apart from the words 'a fish splashing' this rough text utterly refuses my attempt to place it on a foreign landscape. My head is full of jarring sounds and dissonances, until finally Czaykowski's words satisfy me: 'it seemed to me – I fell asleep for a moment'.

An absolute stillness flows towards me from the lake, as if from a painting – something in the manner of a still life, yet not a *nature morte* ('still-born'), but rather a life stilled or calmed, or even a 'life now and beyond'. Music is necessarily sound, a painting is necessarily mute, but nature allows itself various permutations, such that now the stillness is deepened by the gurgle of tiny waves, like a child's small hands.

(3) There are countless mountains in this country. One more, one less can make no difference, and yet this particular mountain struck someone as superfluous, as redundant. But it was no longer a captain's poetic soul

"Unnecessary Mountain", to był raczej pomysł jakiegoś przekornego logika. Może odegrały tu rolę względy estetyczne, właśnie te XVIII-wieczne, które zalecały przyrodę uregulowaną. W Europie sypano pagórki, tamowano strumyki na sadzawki i wodospady, czemu tu nie miano znosić gór w imię ładu i symetrii? Zauważmy też, że *"Unnecessary"* znaczy coś więcej niż "niepotrzebna", bo przecież "niekonieczna", czyli, że kanon estetyczny okazuje tu siłę wręcz nieuchronną.

Może jednak imiędawca zapragnął po prostu przypomnieć nam o kruchości bytów naturalnych. Żaden nie jest konieczny: nawet góra ogromna i potężna mogłaby nie istnieć. Jedynym bytem koniecznym jest oczywiście Bóg.

Może wreszcie chodziło tu o wskrzeszenie argumentu Kartezjusza, że dolina implikuje istnienie góry, czyli że góra jest konieczna tylko tam, gdzie jest dolina. Ale w takim razie trudno zgadnąć, jakiego rodzaju bytem mogłaby być góra niekonieczna – czy może właśnie górą bez doliny? Czyli po prostu górą, która zaistnieć nie może, jak zaistnieć nie może kwadratowe koło lub bezdźwięczna muzyka?

Tymczasem niebo przechodzi nowe przemiany. Symultanicznie na trzech lub czterech ekranach odgrywają się różne stadia dramatu: tu już błyska, tu jeszcze słońce, tam fiolet chmury, tam już gwiaździsta noc.

WNIOSEK: Świat przyrodzony jest dla nas nieczytelny, aż do kiedy nie ujarzmimy go, przekładając go sobie na schemat kultury, symboliki, znaczeń. Nie może zaistnieć znak bez czyjejś woli. Czyja więc wola skomponowała nam teatrum nad brzegiem Canim Lake? Nawet biegli w pismach świętych nie są w stanie wyjaśnić, co ta wola zapragnęła nam wyrazić. Dlatego zmuszeni jesteśmy narzucać zjawiskom nasze własne znaczenia, czyli tworzyć sztukę.

that named the peak *Unnecessary Mountain*; it was rather the idea of some perverse logician. Perhaps it was precisely those eighteenth-century aesthetic considerations prescribing a regulated nature that came into play in this. Europeans scattered hills and knolls, and blocked streams to form fishponds and waterfalls, so why should the mountains here not have been flattened in the name of order and symmetry? Let's also note that 'unnecessary' means something more than 'redundant' – it means 'impossible', and it is here that the aesthetic canon shows its simply ineluctable force.

But perhaps the name-giver merely wanted to remind us of the fragility of contingent entities. None is necessary: even an enormous and formidable mountain might not exist. The single necessary being is of course God.

Perhaps this was ultimately a matter of reviving Descartes' argument that a valley implies the existence of a mountain: in other words, that a mountain is necessary only where there is a valley. But in that case it is difficult to guess at the ontological status of an unnecessary mountain – would it in fact be a mountain without a valley? That is, simply a mountain that cannot exist, just as a square circle or soundless music cannot exist?

Meanwhile the sky is undergoing new variations. Several parts of a drama are playing simultaneously on three or four screens: here it's now bright, while there it's still sunny, and there it's purple and cloudy, while over there it's already a starry night.

INFERENCE: The natural world is indecipherable until we subjugate it by translating it into the schemes of culture, symbols or meanings. There is no sign without someone's will. So whose will composed this theatrical for us on the shore of Canim Lake? Even experts in holy scriptures are unable to say what that will intended to tell us. Which is why we are compelled to impose our own meanings on phenomena: that is, to create art.

Asurbanipal i inni

A.B.

Idę oglądać płaskorzeźby asyryjskie.

Przy wejściu do British Museum ktoś mnie prosi, bym mu rozmienił dziesiątkę na dwie piątki.

Asurbanipal walczy, organizuje strategiczne oblężenia, bierze do niewoli; potem wypoczywa i ucztuje w ogrodzie; czasem służba wypuszcza mu z klatki lwa, któremu król łaskawie z tyłu miażdży łeb maczugą. Jak różni władcy przed nim i po nim, tłumaczy się z zamiłowania do rzeźni i katorgi odwoływaniem się do racji transcendentnych – jest przecież "panem wszechświata, także Asyrii".

Z reliefów dawno zlazły farby – zapewne oślepiająco pstre – ulotnił się także smród pobojowisk i aromat ogrodów użyźnianych wodami Tygrysu. Asurbanipal, boleśnie świadom ograniczonej wymowy obrazów, każe dodatkowo kuć słowa, które, na jego szczęście, dają się odczytać. "Badałem przestworza przy pomocy wróżbitów – oznajmia – rozwiązywałem wcale nie łatwe zadania arytmetyczne; zajmowałem się lekturą zdobnego pisma Sumeru oraz trudnego do opanowania pisma akkadyjskiego; czasem udawało mi się rozszyfrować napisy sprzed potopu, a czasem pekliłem się na własną głupotę ...".

Z całą uwagą śledzę losy tych Asyryjczyków, ich wrogów i sprzymierzeńców, ale w ostatniej sali jest nieoczekiwana perspektywa na rzeźbę Afrodyty. Notuję fakt, że jest rzymską kopią oryginału wykonanego przez Doidalsesa z Bitynii i rozmyślam na czym polega różnica między tą hellenistyczną wizją kobiecego piękna a schematycznymi pionkami wyreżyserowanymi przez poprzedników Muybridge'a i Meissoniera.

I właśnie ktoś mnie prosi, bym mu wymienił dwie piątki na dziesiątkę. Nie wytrzymuję nerwowo i rozkazuję gwardii przybocznej uciąć mu głowę.

Żałuję tego odruchu już kilka dni później na cmentarzu w Nicei, gdzie pierwszą rzeźbą, którą widzę, jest deszczem i wiatrem starta kopia *Afrodyty* Doidalsesa, niefrasobliwie osadzona wśród aniołów stróżów i całego sztafażu chrześcijańskiego kultu zmarłych. Żałuję, bo widzę też teraz, dzięki ofierze mego królewskiego gniewu, że komentarz, w którym

Ashurbanipal and Others

for A.B.

I'm off to see the Assyrian bas-reliefs.

On my way into the British Museum someone asks me, can I change a ten for two fives.

Ashurbanipal fights, organises sieges, takes prisoners; afterwards he relaxes and feasts in the garden; sometimes a servant releases a caged lion, whose head the king graciously crushes from behind with a club. Like various rulers before and after him, he justifies his fondness for slaughter and slavery by appealing to transcendental reasons – he is after all "lord of the universe, as well as Assyria."

The colours on the reliefs – dazzlingly garish no doubt – have long since faded, as have the stench of battle-fields and the scent of gardens nourished by the waters of the Tigris. Ashurbanipal, being painfully aware of the limited expressiveness of images, orders words to be cut as well, and these, fortunately for him, can be deciphered. "I have explored outer space with the help of diviners – he announces – I have solved arithmetical problems that were far from easy; I have employed myself in reading the ornate Sumerian alphabet as well as the difficult to master Akkadian; sometimes I have succeeded in deciphering inscriptions from before the flood, while sometimes I have raged at my own stupidity [. . .]".

With all my attention I follow the fates of these Assyrians, their enemies and their allies, but in the last room I get an unexpected view of a sculpture of Aphrodite. I notice that it is a Roman copy of an original executed by Doidalses of Bithynia and ponder the reasons for the difference between this Hellenistic vision of female beauty and the schematic puppets trotted out by precursors of Muybridge and Meissonier.

And just then someone asks me, can I change two fives for a ten. I can't restrain my irritation and order my bodyguard to chop his head off.

I regret this impulse only a few days later in a cemetery in Nice, where the first sculpture I see is a rain-and-wind-worn copy of Doidalses' Aphrodite, nonchalantly placed amidst guardian angels and the entire apparatus of the Christian cult of the dead. I regret it, for thanks to the victim of my royal anger, I now see that the commentary in which I

chciałem zastanowić się nad sformalizowanym gwałtem Asyryjczyków, przeobraża się w rejestr zagadkowych przypadków. Dlatego przepisuję sobie słowa z pobliskiego grobowca:

ś.p.
Zofia z Żórakowskich
Kościałkowska
umarła 6 grudnia 1898 roku
wieku lat 75
Módlmy się za Jej duszę

oraz adnotację w kącie płyty: *"Cette concession réputée en état d'abandon fait l'object d'une procédure de reprise"*.

Dlaczego zapragnąłem uchronić od wiecznego zapomnienia Zofię Kościałkowską? Nic o niej nie wiem i niczego nigdy się nie dowiem. Jest to z mojej strony gest asyryjskiego majestatu, który jej zapewni prawdziwą nieśmiertelność.

W imię przypadkowości przepisuję też z płyty na sąsiednim cmentarzu żydowskim informację, że *"cette urne renferme du savon à la graisse humaine fabriqué par les Allemands du IIIe Reich"*. Ewa pyta, czy Niemcy tego mydła używali do mycia. Zaskakuje nas pytanie młodzieńczo rzeczowe. Opiniujemy, że Niemcom chodziło tylko o wyrugowanie człowieczeństwa, nawet z zagłodzonych zamęczonych ciał. Szumią sosny. W dole dzieci grają w piłkę.

Następnego dnia, pokłoniwszy się przed grobem Gombrowicza, jesteśmy na wystawie bibliofilskich wydań poezji. Ann wskazuje wiersz, który zaczyna się od słów: *"Quel est le lieu des morts ..."*. Zastanawiam się chwilę.

Tak, ma rację, pasuje mi do hazardu zdarzeń. Ale czy zadowolę się spisywaniem wszystkiego od przypadku do przypadku? Kronikę tych wydarzeń należy chyba jakoś uzasadnić.

Tu elementem porządkującym jest może konkurencja kamiennych pomników ze słowem o gwarancję nieśmiertelności; a może właśnie przeświadczenie, że pozornie nieskorelowane doświadczenia same tajemniczo układają się w harmonijny związek.

O świecie, świecie, czy przenika nas grozą i radością twój domniemany ład czy chaos?

1978

wanted to reflect on the formalised violence of the Assyrians, is turning into a record of puzzling accidents. So I transcribe for myself words from a nearby tomb:

In memoriam
Zofia Kościałkowska
(née Żórakowska)
deceased 6 December 1898
aged 75
May she rest in peace

as well as a note in the corner of the slab: *"Cette concession réputée en état d'abandon fait l'objet d'une procédure de reprise."* Why have I wanted to rescue Zofia Kościałkowska from eternal oblivion? I know nothing about her and will learn nothing. It is on my part a gesture of Assyrian majesty that will ensure her genuine immortality.

In the name of randomness I also transcribe from a slab in the neighbouring Jewish cemetery the information that *"cette urne renferme du savon à la graisse humaine fabriqué par les Allemands du IIIe Reich"*. Ewa asks whether the Germans used this soap for washing. The youthfully matter-of-fact question startles us, and we suggest that the Germans were concerned only to eradicate humanity, even from famished, tortured bodies. The pines are rustling. Down below, children are playing ball.

On the next day, having paid my respects at Gombrowicz's tomb, we visit an exhibition of rare editions of poetry. Ann points out a poem that begins with the words *"Quel est le lieu des morts* [. . .]". I reflect for a moment.

Yes, she is right, it fits with the gamble of events. But will I be satisfied with recording everything from one instance to another? Surely a chronicle of these events has somehow to account for them.

The ordering element here is perhaps the competition of stone monuments with words for the guarantee of immortality; or perhaps just the conviction that seemingly uncorrelated experiences mysteriously arrange themselves in a harmonious union.

World, oh world, are we pierced by terror and joy because of your conjectured order or your conjectured chaos?

1978

Mówią wieki, czyli co nowego w historii?

(1) W moich podręcznikach szkolnych nie było różnobarwnych ilustracji i wykresów. Z niechlujnie odbitych, monochromicznych obrazków trudno było odróżnić monarchów, wodzów i mężów stanu od świętych. Teksty były równie szare, zawiłe, nudne. Jedynym elementem skupiającym uwagę i wywołującym podniecenie były mapki decydujących bitew. Stały naprzeciw siebie rzędy czworoboków, strzałki wskazywały linie natarcia i odwrotu. Polskie czworoboki zawsze były w mniejszości i na kolejnej rycinie pokazującej końcową fazę walk strzałki informowały o okrężeniu, względnie rozproszeniu dzielnych Lechitów.

Tymczasem Mickiewicz, Sienkiewicz i zastępy podobnie myślących ideologów radośnie głoszą, że nawet największe porażki były w rzeczywistości wstępem do najświetniejszych, jak dotąd nie ziszczonych, tryumfów. Oto stała lubieżna lektura milionów.

Tylko narody zwycięskie, zdrowe, dobrze się mające i cieszące się wybornym samopoczuciem, zasługują na historię. Historia jest wynagrodzeniem za sukces. Zaś narody nagminnie podbijane, pustoszone, parcelowane, winny traktować każdy kolejny dzień jak dzień stworzenia.

(2) W lutym 1938 roku Henryk Elzenberg notował: *"Wojna ta sięgnie w życie głębiej niż tamta. Będzie podcięciem* wszystkiego, *usunięciem nam spod nóg* wszystkich *podstaw"*. A w czasie wojny bardziej wymownie i przejmująco zareagował Leon Stroiński: *"Świat tamten zaginął. Byłzresztą tak mały, że mógł wpaść nawet w szparę podłogi"*.

Szczęśliwi, którzy owych lat nie pamiętają. Dla tych, którzy są skażeni świadomością *"dni innych"* – znów słowa Stroińskiego – których *"szukam na próżno"*, biografia rozpada się na *przedtem* i *potem*. Nie potrafią tych nie przylegających do siebie brył w żaden sposób dopasować. *"Świat tamten"* jest może snem, może bytowaniem platońskiej duszy poprzedzającym wcielenie. Mają poważnie nadwerężone poczucie tożsamości osobowej, co z kolei gruntuje przekonanie o powszechnej przypadkowości, raczej niż prawidłowości, wydarzeń.

The Ages Speak, or what's new in History?

(1) In my school textbooks there were no multi-coloured illustrations or diagrams. In the badly printed monochrome pictures it was hard to distinguish monarchs, generals and statesmen from saints. The texts too were just as grey and involved and boring. The one thing that caught my attention and excited me were the maps of decisive battles. Rows of rectangles stood facing each other, with arrows indicating directions of advance and retreat. Our rectangles were always in a minority, and on the following plate depicting the final phase of battle the arrows showed the hardy Polacks being surrounded or dispersed.

Meanwhile Mickiewicz, Sienkiewicz and a host of likeminded ideologues joyfully proclaim that even the greatest defeats were in reality a step towards the most splendid, if as yet unrealised, triumphs. Such was the seductive reading-matter of millions!

Only nations that are triumphant, healthy, feeling well and pleased with themselves deserve history. History is the reward for success. But nations that are constantly subjugated, laid waste and partitioned, should treat each successive day as the day of creation.

(2) In February 1938 Henryk Elzenberg noted: "This war will reach deeper into life than the last. It will undercut *everything,* sweep *every* foundation from under our feet." But in wartime Leon Stroiński reacted more eloquently and penetratingly: "That world has vanished. In any event it was so tiny it could have fallen into a crack in the floorboards."

Happy are they who do not remember those years. For those tainted with the consciousness of "other days" – Stroiński's words again – which "I seek in vain," biography falls into *before* and *after.* They are utterly incapable of fitting the disjointed pieces together. "That world" is per- haps a dream, perhaps the subsistence of Platonic souls prior to embodiment. They have a badly strained sense of personal identity, and this in turn supports their belief in the general randomness, rather than the regularity, of events.

(3) Messerschmitty lecące nisko nieuchronnym niebem rozprute siedzenia pullmanów PKP szeregi jeńców polskich pod strażą żołnierzy radzieckich w zabłoconym Dubnie głosy żebrzących o zapałki i papierosy w zaplombowanych wagonach towarowych na bocznicach w Równem i Łucku ośnieżone krzyże nagrobków na skostniałych zieleńcach wśród gruzów Warszawy.

Więc nawet nie globalny obraz kampanii wrześniowej, lecz po prostu zastygłe w pamięci dziecka oderwane sceny. Zupełnie wystarczą. I któż by pomyślał, że już w takim wieku można dźwigać upokorzenia całego narodu.

1977–81

(3) Messerschmitts flying low in a defenceless sky the torn seats of Pullman coaches on the Polish State Railways rows of Polish prisoners guarded by Soviet soldiers in muddy Dubno voices begging for matches and cigarettes in sealed transports in sidings at Rovno and Łuck snow-covered crosses on graves on the stiff grass amidst the ruins of Warsaw.

So not even a global picture of the September campaign, but simply stray scenes rooted in the memory of a child. They are enough. And who would have thought that already at that age it is possible to shoulder the humiliation of an entire people.

1977–1981

Śmierć (zdechłość, zdechnięcie)

(1) Nie wybieramy narodzin, możemy jednak wybrać śmierć. Tak się objawia nasza ludzka (może jedyna) wolność. Jednakże natychmiast przeobraża się w nieodwracalną konieczność: wybierając śmierć, rezygnujemy z wszelkich dalszych wyborów.

(2) – Wrzuceni w życie, nie pytani o zgodę, musimy w nim sobie jakoś radzić.
– Wielu nie wystarcza życie do śmierci.
– Jeśli nieśmiertelność jest przed nami, dlaczego nie także za nami?
– Słusznie podkreślano symetryczną konieczność wiecznego istnienia duszy przed wcieleniem.
– Dlaczego więc nic z tego przed-życia nie pamiętamy?
– Niektórzy coś czasem sobie przypominają.
– Mała pociecha. I w ogóle nieskończona nuda.
– Życie to było i będzie kategorialnie różne od obecnego, więc wieczność może się wydawać nudna tylko z naszej ziemskiej perspektywy.
– Życie tak inne nie jest naszym życiem. Nie poznamy się tam.
– Patrz, dnieje.

(3) Ann budzi mnie rano: "Rufus nie żyje. Był taki lekki, teraz taki ciężki". Rudo-biały, zgrabny, drobny, kupiony za parę groszy, przeżył przeszło dziesięć lat, mimo poturbowania przez samochód.

Ostatnimi dniami bardziej się garnął, szukał ciepła. Parę tygodni zawiei śnieżnych, kiedy w ogóle nie wychodził z domu. Zdechł (umarł) w nocy po pierwszym spacerze. Wytrzeszczone ślepia (oczy: może je zamknąć?), sztywne wyciągnięte ręce (łapy), Ann chowa go w ogródku ("jakby grzebać kogoś z rodziny").

(4) M.H. powiada, *"umrzeć znaczy być zdolnym do śmierci jako śmierci. Tylko człowiek umiera. Zwierzę ginie: nie ma śmierci ani przed sobą ani za sobą"*.

Rodząc się, wpadamy w język zastany, gotowy, który nas otacza, chroni i hołubi i w nim dojrzewamy. Obrazy w myśli są jednak pochodnymi języka, czyż więc zwierzęta pozbawione są nawet wyobraźni?

Death*

(1) We don't choose to be born, but we can choose to die. It is thus that our human freedom, perhaps our only freedom, reveals itself. Straight away, however, that freedom turns into irreversible necessity: choosing death, we renounce all further choices.

(2) – Thrown into life unasked, we have to make do.
  – Life until death is not enough for many people.
  – If there is immortality ahead of us, why not behind us as well?
  – The symmetrical necessity of the soul's eternal existence prior to incarnation is justly emphasized.
  – Why then do we remember nothing of this fore-life?
  – There are those who sometimes recall something.
  – Cold comfort. And in general infinitely boring.
  – That life was and will be categorially different from the present, so perhaps eternity appears boring only from our earthly perspective.
  – Life so different is not our life. We'll not recognise each other there.
  – Look, day is breaking.

(3) Ann wakes me in the morning: "Rufus is dead. He was so light, now he's so heavy". Ginger, shapely, tiny, bought for a pittance, he lived for over ten years, despite being knocked about by a car.

In his last days he clung a great deal, sought warmth. There were snow storms for a fortnight, and he didn't leave the house at all. He died (perished) in the night after his first walk. Staring orbs (eyes: should one close them?), rigid extended arms (paws). Ann laid him to rest in the garden ("like burying one of the family").

(4) M.H. says: "dying means having an aptitude for death as death. Only man dies. An animal perishes: it has no death, neither before nor behind it."

At birth we fall into an already existing, prepared language; it embraces, shelters and cuddles us, and we mature in it. Images in thought are, however, derivatives of language, so do animals lack even imagination?

(5) Nagle zdaję sobie sprawę, że na tę śmierć (na to zdechnięcie) nie jestem przygotowany i nie wiem, jak się zachować: zapalić świecę, zawołać księdza (może rabina?) zamówić muzykę żałobną? Oczywiście i on nie był na swoje zdechnięcie przygotowany. Sam nie mógł wiedzieć, a ja go nie mogłem przestrzec, tak jak mu nigdy nie mogłem powiedzieć, że wrócę za godzinę. Może też zabrakło mu wyobraźni.

Kot pozbawiony języka, pozbawiony przeto samookreślenia, ja osadzony w języku, przeto świadom siebie, świadom granicy między mną a bytami poza mną, dlatego zagrożony zewsząd znaczeniami, potrzebuję jakiegoś rytuału "nawet" wobec padliny, wobec ścierwa. W chwili grzebania zdechliny (ciała) radio gra *pavane pour une infante défunte*.

(6) *Sit tibi (mihi) terra levis.*

1982

(5) I suddenly realised that I was unprepared for this death (for this perishing), and I don't know how to conduct myself: should I light a candle, summon a priest (a rabbi, perhaps?), order funeral music? Of course he too was unprepared for his own extinction. He himself couldn't know, and I couldn't warn him, just as I couldn't say to him, I'll be back in an hour. Perhaps he lacked an imagination as well.

A cat is without language, hence without self-determination; I am settled in language, hence conscious of myself, conscious of the boundary between myself and beings beyond me, therefore threatened from all sides with meanings; I need a ritual 'even' when confronted with a carcass, with carrion. While the carcass (body) is being buried the radio plays the *Pavane pour une infante défunte.*

(6) *Sit tibi (mihi) terra levis.*

1982

---

* Polish distinguishes, as English does not, between human and animal death, a distinction that cannot be fully and accurately registered in translation. (*Transl.*)

VI

Sir David Ross wykłada *Politykę* Arystotelesa

czerwień niebo nie włoskie czerwiec
mazowiecka równina może niemiecka
łuszczy się barok i spinek brak
tu polscy królowie veit stoss lub mieszko
kościoły baraki nieba wysokie
sosny okopy gierymski tramwaje
rdzewieją wieczorem na plantach
pani z łasiczką październik wrzesień
gra na fujarce węgiel czy sól
parobek pałuba gęsi pod lipą
armaty czołgi w lesie przemokły
okres miniony

        głos jego
jak niski ton klarnetu (podobnie mówił
Gilbert Murray) dźwięk charakteryzujący
pewną epokę, specyficzne wykształcenie,
nienaganne wychowanie, wzorowy styl,
myśli klarowność

        papiery chowa do zgniecionej
walizki, płaszcz obdarty, wyniszczony
kapelusz, idzie mokrym chodnikiem
iskrzącym się gwiazdozbiorem neonów,
znika za rogiem

1964

Sir David Ross lectures on Aristotle's *Politics*

Redness a sky not Italian june
a Mazovian plain or maybe German
the Baroque is peeling the shops empty
here the Polish kings Veit Stoss or Mieszko
churches barracks high heavens
pines trenches Gierymski trams
rust in the evening along the Planty
lady with the ermine october september
a pipe is playing coal or salt
a peasant a cart geese in the meadow
guns tanks drenched in the forest
stalinism

                                             his voice
like the low sound of a clarinet (Gilbert Murray
also spoke like that) a sound characterising
a certain epoch, a particular education,
an impeccable upbringing, an exemplary style,
clarity of thought

        he stuffs his papers into a battered
case; in a tattered raincoat and crumpled
hat he walks along the wet pavement
sparking with neon constellations,
disappears round the corner

1964

Krzyk i definicja

Niebo jest zachmurzone
jest dość chłodno
może spadnie deszcz
poza szpalerem gorzkich olch słyszę głosy:
jak jednak dojść który to dzień tygodnia
rok który?
Jeżeli jest maj i znaki na niebie, cesarstwo jest już zagrożone
ale brak środków na gruźlicę
i ludzie nie zdają sobie na razie sprawy że są współtwórcami
walki klas
Jeżeli zaś znajdujemy się w IX wieku przed naszą erą
nie ma sensu zastanawiać się nad trwałością powszechników
lub silić na miłość bliźniego
Skąd jednak te spekulacje o "naszej" epoce?
Przecież być może jest rok 1974 który
nie należy jeszcze ani do naszej ery ani do czasów
dawniejszych, a decyzji nie ułatwi nam
ani ten podmuch wiatru ani grzechot gołębi,
nie pomogą nawet głosy tych ludzi nad rzeką
które przeszły teraz w krzyk sprzeczki

Noise and a Definition

The sky is overcast
it's quite cool
perhaps it'll rain
beyond the row of bitter alders I hear voices:
but how to discover the day of the week
the year?
If this is May and there are signs in the sky, the empire's already
threatened
but there are no cures for T.B.
and people have yet to realise they are
co-authors of the class struggle
If though we happen to be in the 9th century before our era
there's no sense in reflecting on the permanence
of universals
or straining to love our neighbour
But why these speculations about "our" epoch?
After all it might be 1974 that
still belongs neither to our era nor to former
times, and neither a gust of wind nor a pigeon's rattle
will make it easy for us to decide,
nor even the voices of those people by the river
that have now become a querulous noise

Bawaria 1956

gdzieś w dali nieme błyskawice:
wiatr zrywa wieczorny pył z chodników

tam zaś dolina i górka
romantyczna i mały
kopiasty kościółek –
za oknem pucołowaty
chłopczyk okryty
patyną

a przecież snuł się tu kiedyś
cieńki niebieskawy
dym z kominów

(mimo tych rzeźb
skrajnego baroku,
złoconych obrazów)

dziecinnie wydęte policzki
wydymają strumień wody:
w ciszy nocnej plusk
lekki a w dali
oniemiałe błyskawice

i znów ten pejzaż
słodki i łzawy
jeziora w górach
drzemiące deszczyk
mżący w dolinach
i słońce

lecz wokół nadal uparcie krwawią
pedantyczne strugi dymu

(mimo tych rzeźb
skrajnego baroku,
złoconych obrazów)

Bavaria 1956

somewhere far off a soundless lightning-flash:
an evening wind strips dust from pavements

there though, a valley and a romantic
hillock and a small
orotund church –
beyond the window a chubby
little boy covered
in patina

and yet thin bluish
chimney smoke
once drifted here

(despite those sculptures
of mannered baroque,
the gilded paintings)

childishly puffed-up cheeks
blow out a jet of water:
in the still of night a faint
splash and in the distance
a speechless lightning-flash

and again this sweet
and maudlin landscape
lakes drowsing
in the mountains rain
drizzling in the valleys
and the sun

but all around pedantic streams
of smoke still obstinately bleed

(despite those sculptures
of mannered baroque,
the gilded paintings)

Pętla

pamięci W.G. (1924–1985)

"Alle Gärten sind Schöpfungen der Muse [...]
Ein Garten ist das Idealbild des Menschen
von der Welt"

– Münchner Bildungswerk

Charmante Damen begleiten Sie in München

Nie wiem, ile cenią "International beautiful leasing girls", które ogłaszają
się w moim hotelu, ale za drobną opłatą oglądam *Złoty wiek* Cranacha,
gdzie kobiety rozebrane są do ciężkich, złotych naszyjników, gdzie
miłość w "ogrodzie zamkniętym" jest, mimo wysokiego muru, otwarta.

Der Garten als Abbild der Welt

W Angielskim Ogrodzie nagość dzisiejszej młodzieży jest darem bożym
razem z drzewami, łąką i strumieniem: byle było słońce, inaczej ciała
kryją się skromnie, jak za moich dawnych czasów, kiedy nawet latem
wszyscy spacerowali umiarkowanie, wytwornie. To pokolenie sutek i
członków urodziło się już po wojnie, jest pewne siebie, ale nie zna
musztry. Ciała spalone w słońcu, ale zasadniczo białe. Czarnych nigdzie
tu nie widać. Nie wiem, czy to źle, czy dobrze.

Charmante Leasing Girls als Abbilder der Welt

> Cichy zimowy krajobraz Adolfa H. z przełomu wieku
> nazywa się *Landschaft bei Dachau*
> "a przecież snuł się tu kiedyś
> cienki niebieskawy
> dym z kominów"
> *Die Landschaft als Abbild der Welt*
>
> pętla czasu dana tylko tym
> co przeżyli
>
> "*... we stopped in the colonnade,
> And went on in sunlight, into the Hofgarten*"

Loop

In memoriam W. G. (1924–1985)

"Alle Gärten sind Schöpfungen der Muse [. . .]
Ein Garten ist das Idealbild des Menschen
von der Welt."

– Münchner Bildungswerk*

Charmante Damen begleiten Sie in München

I don't know how much the "International beautiful leasing girls" adver-
tised in my hotel charge, but for a small fee I can look at Cranach's *Golden
Age,* where the women are naked but for their heavy, gold necklaces, where
love in the *hortus conclusus,* despite the high wall, is free.

Der Garten als Abbild der Welt

The nakedness of today's youth in the English Garden is God's gift,
together with the trees, the meadow and the stream – provided the sun
is out: otherwise their bodies are modestly covered, as in the days of my
youth, when even in summer everyone promenaded soberly, stylishly.
This generation of nipples and members born after the war is self-
confident, but doesn't know army drill. Bodies burnt in the sun, but
fundamentally white. There are no Blacks here. I don't know whether
this is good or bad.

Charmante Leasing Girls als Abbilder der Welt

A quiet winter landscape by Adolf H.
from the turn of the century
is called *Landschaft bei Dachau*
"and yet thin bluish
chimney smoke
once drifted here"
Die Landschaft als Abbild der Welt

the loop of time was given only to those
who survived

". . . *we stopped in the colonnade,
And went on in sunlight, into the Hofgarten*"

Hofgarten w lipcu
o 9. rano
około południa
pod wieczór
zamiera fontanna
wybłyska pierwsza gwiazda
na ścianie wzdłuż arkad
"das traurnde Land der Griechen"

Nic się tu nie zmieniło
wszystko się zmieniło
ćwierć wieku minęło
niektórzy jeszcze żyją inni nie
pętla czasu kompensatą
postępujących lat

Frau Pikl umarła już dawniej
koniecznie chciałem o tym wówczas pisać
nie potrafiłem
teraz byłoby jeszcze trudniej
byłoby niemożliwe
stoi przynajmniej jej solidny Gartenhaus
als Abbild der Welt

pętla czasu
wyszliśmy wróciliśmy nie wróciliśmy
nie wrócimy nigdy
das traurnde Land

Böcklin malował
nadmorską willę wśród cyprysów
wracał do niej wielokrotnie
aż wreszcie stworzył arcydzieło
które inni nazwali
wyspą umarłych
das traurnde Land

wille w Portofino o zmierzchu
pinie i cyprysy
góry skały aksamitna woda
w porcie jachty
gwar umarłych

The Hofgarten in July
at 9.00 in the morning
around noon
towards evening
the fountain withers
a first star flickers
on the wall along the arcades
"das traurnde Land der Griechen"

Nothing has changed here
everything has
a quarter of a century has passed
some are still alive others dead
the loop of time a compensation
for the advancing years

Frau Pickl died long ago
I was determined to write about that
I couldn't
now it would be even harder
it would be impossible
at least her solid Gartenhaus stands
als Abbild der Welt

the loop of time
we departed we returned we didn't return
we shall never return
das traurnde Land

Böcklin painted
a seaside villa among cypresses
he returned to it over and over again
until at last he created a masterpiece
which others called
island of the dead
das traurnde Land

a villa in Portofino at dusk
pines and cypresses
mountains rocks velvet water
yachts in the harbour
the hubbub of the dead

Henriette która nie zaznała wojny
podobnie jak moje dzieci
jak ich rówieśnicy w Englischer Garten
jak ich rówieśnicy w *Złotym wieku*
urodzeni w swoich pętlach czasu
żali się że winą obciążają też jej pokolenie
"krew ich na nas i na syny nasze"
Rozmawiamy w zmierzchu turystycznym
nad brzegiem Neckaru
tylko dlatego
że w innej pętli czasu
w przedwojennej Polsce ...
das traurnde Land
"jak niewiele potrzeba by ludzie do siebie mówili
jak trudno przezwyciężyć milczenie najbliższych"

pętla czasu

"w ciszy nocnej plusk
lekki a w dali
oniemiałe błyskawice"

das traurnde Land als Abbild der Welt

Henriette who hadn't known war
just like my children
like their contemporaries in the *Englischer Garten*
like their contemporaries in *The Golden Age*
born in their own loops of time
complains that her generation too is burdened with guilt
"their blood on us and on our children"
We chat in the tourist dusk
on the bank of the Neckar
only because
in another loop of time
in pre-war Poland . . .
das traurnde Land
"how little people need to talk to one another
how hard it is to overcome the silence of one's nearest"

the loop of time

"in the still of night a faint
splash and in the distance
a speechless lightning-flash"

das traurnde Land als Abbild der Welt

---

* "All gardens are creations of the Muses. . . . A garden is humanity's ideal
picture of the world."

    Charming ladies escort you in Munich.
    The garden as image of the world.
    Charming leasing girls as images of the world.
    Landscape as image of the world.
    The mournful land of the Greeks.
    The gardenhouse as image of the world.
    The mournful land.
    The mournful land as image of the world. (*Transl.*)

U schyłku XX wieku

Jest to już późny świat wieczorny,
w nim się urodziłem, do niego należę;
innym przypada poranek młodości,
wznoszą katedry projektują mosty
budują osiedla; płodzą dzieci,
płodzą doktryny, skrzętnie spisywane,
życie płynie wartko, omszałe rwie brzegi;
przede mną przez miedzę stoi niema jesień
przekornie skrzydlata i nieubłagana.

Cóż na nas chyha
w gwałcie października, ilu doświadczy wątłe
życie grozy? Stoją za nami architekci
dziejów, do nich się zwracam o spokojną
przyszłość, choć mnie nie słyszą, oczy ich
z kamienia.

Niepowtarzalna chwila:
właśnie te dzieci idące do szkoły, właśnie
ta chmurka za szpalerem brzóz;
ktoś o coś pyta w nieznanym języku
i drogę przebiega bezpański pies.

Człowiek który to widzi, człowiek
który się lęka przyszłości, może jednak
sprostać samotności na krwawej polanie,
bo ma za sobą wieki ludzkiej trwogi,
która mu właśnie przejaśnia się w uśmiech:
strzępy pajęczyny lub skrzydło motyla
potrafią przeważyć na korzyść nadziei:
burza przeszła obok, są błyski na niebie,
nie słychać piorunów, są muzea śmierci,
pomniki zagłady, lecz nie słyszę krzyku,
już nie widzę łez, o których czytałem
w poemach i skargach.

At the End of the Twentieth Century

This is now a late world, a twilight world,
I was born into it and belong there;
the dawn of youth belongs to others
who raise cathedrals, design bridges,
build settlements; they beget children,
beget doctrines assiduously recorded;
life flows swiftly, eroding mossy banks;
before me across the field stands a mute autumn
perversely winged and inexorable.

                          What lies in wait for us
in October violence, how many will suffer the fragile
life of terror? Behind us stand architects
of history, to whom I pray for a peaceful
future, though they don't hear me, their eyes
stony.

           An unrepeatable moment:
precisely these children going to school, precisely
this tiny cloud beyond the row of birches;
someone asks about something in a foreign tongue
and a stray dog runs across the road.

The one who sees this, the one
who dreads the future, will perhaps
still challenge solitude in a bloody clearing,
for he has behind him years of human terror,
which he now brightens into a smile:
a tattered cobweb or the wing of a moth,
these can prevail to the benefit of hope:
a storm passed close by, the sky's lit up;
I can't hear the thunder, there are museums of death,
monuments to extermination, but I don't hear the cries
I no longer see the tears I've read about
in verses and dirges.

Jak mieszkali,
widać naokoło, jak wyglądali widać
z fotografii, jak ich sądzono – z grobowych
napisów. Cierpieli samotnie, choć byli stłoczeni,
paznokciem na ścianach ryli w przeddzień
egzekucji, w spadku zostawiali
zawszone ubrania, protezy, tornistry
i zgłodniały strach. Jakiż Orfeusz
ich z bólu wybawi? Któż im przywróci nieprzeżyte dni?

Można im na lirze grać,
labiryntem wieść, lecz na kolejnym skręcie
zmuszą cię, byś im w oczy spojrzał
i pęknie łańcuch sygnowanych dłoni.
Eurydyki, kochanki stracone ponownie –
może jest jeszcze brzmienie instrumentów
kaźni, muzyka sfer, melodia wszechświata?
Nie – jest cisza i ciemność i szloch Orfeusza,
co poetów i kapłanów i ciemności wzrusza,
jest żywiołów furia, co go zniszczy z rana.
Słońce przywróci porządek naturze,
ja jedynie z tym porządkiem walczę,
w myśli go skłócam, w świadomości burzę;
z litery, z obrazu, z liry pobrzękiwań
rodzą się mity miłości i śmierci,
lecz te zbitki kości, oczy błyszczące
nawet w mrocznym lęku, muszą pozostać
już nieopisane, nieobjęte mitem, w granicie
żłobione ostrzami strumieni, podmuchem erozji.

A teraz na przeciwległym brzegu niepamięci
chwilami jednak powraca mi mara –
potem się bsudzę i o niczym nie wiem.
*Tymczasem dzieci do szkół sidą
i Wisła płynie i Warta z Nidą.*

1987

        The way they lived,
you can see all round, what they looked like you can tell
from photos, how they were judged – by their
epitaphs. Though crammed together, they suffered alone,
scratched walls with fingernails while awaiting
execution, bequeathed lice-infested clothes,
artificial limbs, knapsacks
and starving fear. What sort of Orpheus
will release them from pain? Who will restore
their unlived days?

        You can play the lyre,
lead them down the labyrinth, but at the next bend
they will force you to look them in the eye
and the chain of tattooed hands will break.
Eurydices, the loved ones lost again –
perhaps there is still the sound of instruments
of torture, music of the spheres, the melody of the universe?
No – there is silence and darkness, and Orpheus' sobbing
moving the darkness, moving poets and priests:
an elemental fury will strike him at dawn.
The sun will restore order to nature,
I alone struggle with this order,
disturb it in thought, ruin it in consciousness;
from script, paintings and strumming on the lyre
myths of love and death are born,
but these piles of bones, these eyes flashing
even in dark dread, must remain
always undescribed, uncontained in myth, etched
in granite with blades of torrents, with eroding winds.

And now on the opposite bank of oblivion
the nightmare still returns –
then I wake knowing nothing.
In the morning children march to school
While the Nida and the Wisła flow.

1987

A nad nim ład moralny gwiaździstego nieba chwilowo przesłonięty słoneczną poświatą

Człowiek
stoi i patrzy:
słońce topnieje w srebrnej karoserii samochodu marki Renault
czarny kot siedzi skulony w bramie domu pod numerem 47
młoda kobieta z dzieckiem próbuje przejść ruchliwą ulicę
ktoś z tyłu wykrzykuje "Zmartwychwstaniecie w Chrystusie!"

Tej sceny nie ujrzałby
gdyby Hitler nie podbił Polski
gdyby 17 grudnia nie padał deszcz ze śniegiem
gdyby ten pociąg z Królewca się spóźnił
gdyby dziewczyna w której Ludwik zakochał się w czerwcu
nie zmarła na suchoty w październiku

A może też na ulicy nie byłoby w tej chwili
kota i kobiety z dzieckiem
a słońce odbijałoby się w szybach samochodu marki
Paloma Bianca

1990

And above him the Moral Order of the Starry Heavens veiled for the moment by the sun's afterglow

A man stands and watches:
the sun is melting on the silver body of a Renault
a black cat is crouched in the doorway of number 47
a young woman with a child is trying to cross the busy street
from behind someone cries "You will rise again in Christ!"

He would not have observed this scene
if Hitler hadn't overrun Poland
if on the 17th of December sleet hadn't fallen
if the train from Königsberg had been late
if the girl with whom Ludwig had fallen in love in June
hadn't died of consumption in October

And perhaps at that moment the cat the child and the woman
would not have been in the street
and the sun would have been reflected in the windows of another car:
a Paloma Bianca

1990

Lustra i refleksje

Si movono a diversi porti
per lo gran mar dell'essere ...
– D.A.

Tym, którzy odchodzą za wcześnie
Tym, którzy przychodzą za późno

I

Jest więc zwykła radość istnienia;
jednych cieszy spokojne życie rodzinne
innych przelot ptaków burzliwych o zmierzchu,
ci handlują zbożem tamci pną się w przełęczach
nie dbają o jutro nie myślą o śmierci.
Sześć dni w tygodniu pracują
siódmego modlą się, lustrują prasę
biorą nieletnie dzieci do parku
nawet gdy mży i mgła lepi się do rąk.

A każdy z nas może być tylko sobą.
Nawet król, nawet święty nie potrafi
dwoić się ni troić choćby w obecności świty,
hufców anielskich, tłumów poddanych.
Teraz nad morzem
ci co oglądają siną czerwień zachodniego słońca
i czują chrzęst gładkich kamyczków
pod stopą, nie słyszą pohukiwań
sowy w gęstwinie leśnej, gdzie wczesny księżyc
wydziera się z chmur.
Wielu władczych, możnych i świętych
nie rozmawiało z Platonem, nie oglądało
tryumfów Cezara. Jedni przeżyli swych synów,
innych niańki chowały, babki lub szalone cioty;
wielu obytych, doświadczonych a światłych,
nie wysłuchało Mozarta. Wielu
asystowało przy konfiskatach i całopaleniach;
niektórzy, ci lepsi, cnotliwsi, dawali rozkazy,
doglądali, radzili, radośnie gnoili.

Mirrors and Reflections

Si movono a diversi porti
per lo gran mar dell' essere . . .
– D.A.

For those who depart too early
For those who arrive too late

I

There is then the simple joy of existence;
some are pleased with a quiet family life
others with the passage of storm birds at dusk,
these trade in grain those climb in mountain passes
heedless of tomorrow caring nothing for death.
They work six days a week
pray on the seventh, read the paper
take their young to the park
even when it drizzles and mist clings to the hands.

But each of us can be himself only.
Even a king, even a saint cannot
double or triple himself not even
in the presence of his retinue,
hosts of angels, or crowds of subjects.
Now by the sea
those who watch the dark bruise of the setting sun
and feel the crunch of smooth shingle
underfoot do not hear the hooting
of an owl in the thicket, where an early moon
is pushing through the clouds.
Many of the powerful, the rich and the saintly
never conversed with Plato, never gazed on
Caesar's triumphs. Some outlived their sons,
others were raised by nurses, grannies or mad aunts;
many of the worldly, the experienced, the enlightened
never lent an ear to Mozart. Many
assisted at confiscations and holocausts;
some, the better, the more virtuous, gave orders,
supervised, gave counsel, cheerfully put the boot in.

Jesteśmy teraz – kiedyś nas nie będzie –
powstaną mity, wylęgną się plotki,
fakty, dobrze nam znane, będą spojrzeniem,
doświadczeniem nie doświadczonym,
przeżyciem roztopionym w płaczu,
fantazją, nadzieją i fałszem.
A my też stoimy na chodniku mitów:
płyty się osuwają, pękają, ukazują
szczeliny, potknięcia, błotniste zacieki,
przeszłość wciąż zmienna:
zwycięzcy przegrywają bitwy
prawdy uczonych niszczeją w muzeach
barbarzyńcy okazują się zbawcami
ryty w głazach są już śpiewem dworskich
lutnistów. Anonimy przybierają cechy znajomych,
pomniki grzęzną w ruinie;
żaden krzyk rozpaczy do nas nie dociera.

II

Chadzał tą ścieżką od lat
znał każdy zakątek wiedział
gdzie roztacza się najprawdziwszy widok
gdzie znaleźć ucieczkę
przed wiatrem i deszczem, gdzie słońce gładzi
cegłę, gdzie w niej drąży szramy.

A któregoś dnia jesienią, gdy wiatr się zaostrzał,
gdy wrony kołowały niżej i strumyk pieniściej
szemrał i szwargotał,
poczuł się zgubiony, gdzie trafi nie wiedział,
czy zatracił pamięć, czy we śnie tak błądził?
Gdy wreszcie zdyszany odszukał żywopłot
rozkołysanych rozwichrzonych róż
zrozumiał że to on się zmienił
że tego spaceru nigdy nie powtórzy.
Kazał więc skopać ścieżkę, mostek przepiłować.
Poleceń jednak nikt nie wykonywał:
cesarstwo się waliło, łupiono kolekcje

Today we exist – one day we shall not –
myths will arise, gossip will be hatched,
facts, well known to us, created by me,
will not be facts, they will be a glance,
experience not experienced,
a moment of life dissolved in tears,
a fantasy, a hope and a falsehood.

And we too stand on a pavement of myths:
the slabs are shifting, cracking, revealing
gaps, drops, patches of muddy seepage,
a past ever-changing:
the victors lose battles
the truths of scholars moulder in museums
the barbarians turn out to be saviours
stone inscriptions are now the songs of court
lutenists. The anonymous acquire their friends' features,
monuments subside into ruin;
no cry of despair will reach us.

II

For years he walked that path
knew its every corner knew
where the truest view unfolded
where to find refuge
from wind and rain, where the sun caresses
the brick, where it cuts into it.

But one day in autumn, as the wind sharpened,
as the crows circled lower and the brook jabbered
and muttered more frothily,
he felt lost, didn't know where he would end up,
had he lost his memory, was he wandering in a dream?
When at last breathless he found the hedge
of swaying and dishevelled roses
he realised he had changed
that he would never again take this walk.

So he ordered the path dug up, the bridge sawn through.
But no one obeyed;
his empire was crumbling, his collections looted:

zegarów weneckich, srebra, chińskiej porcelany,
uprowadzano bydło, armie rozbrajano.

Był sam. Wrócił na znaną mu ścieżkę.
Radował się dawnym widokiem.
W myśli porządkował rozsypane cegły,
krzewił platany, osiki i dęby.
A więc radość samego istnienia,
optymizm naiwny ufność dziecięca
a przecież widział miasta płonące
a przecież doglądał przez wojnę skażonych
opowiadali, że stracili wszystko
"o mężu wieść zaginęła", "stryj w obozie skonał"
on sam osmolony widokiem ginących
a jednak wciąż radość samego istnienia
może nieczuły, niedorozwinięty.
Mógł zostać wodzem, kapłanem lub sędzią,
ożenić się dobrze, mieć głos w społeczeństwie,
a wybrał ścieżkę samotnej radości
może nieczuły, może znieczulony,
a gdy odejdzie nie uderzą w dzwony
nie zagrają marsza, nie wyrażą hołdów.

III

Palmy, prostopadłe słońce
    gościniec wyschłych kolein
    dzieci biegają krzykliwie
    na tyłach chat nad rzeką

Od czasów ostatniej strzelaniny
    kiedy nocował tu patrol Skrajnych
    kiedy zaginął mały Miguel
    kiedy spalono w zagrodzie
    bydło Carlosa –
    matki na przyzbach obserwują
    nieufnie

                    *

Siedzą wokół stołu. Ci w ciemnych habitach, tamci zbrojni. Mury
grube, okienka w kratach, krucyfiks. Wilgoć i chłód. Będą

Venetian clocks, silver, Chinese porcelain;
his cattle led away, his troops disarmed.

He was alone. He returned to the familiar path.
Delighted in the old view.
In his mind he arranged the scattered bricks,
planted plane-trees, aspens and oaks.
And so the joy of mere existence,
naive optimism childish faith
even though he had seen cities burning
inspected victims of war
who said they lost everything
"not a trace of my husband" "Uncle perished in a camp"
he himself was blackened by the sight of the dying
and yet still the joy of mere existence
perhaps he was unfeeling, not fully developed.
He could have been a leader, a priest, a judge,
have married well, had a say in public life,
but chose the path of solitary joy
perhaps he was unfeeling, perhaps desensitised,
and when he departs they will not ring bells
play a march, express their homage.

III

Palms, a perpendicular sun
    a roadway of dried ruts
    children run about noisily
    behind the huts on the river

Since the times of the last shoot-out
    when the Extremists' patrol camped here
    when little Miguel vanished
    when Carlos' cattle were burnt
    on the farm –
    the mothers watch from doorways
    suspicious

                              *

They are sitting around an oak table. These in dark cowls, those armed.
Thick walls, tiny barred windows, a crucifix. Damp and cold. There will

dochodzenia, areszty, męczarnie. Jedni i drudzy radzi, że wykonali
zadanie, dotrzymali ślubów, obronili prawdy.

*

Pokochali się młodo. Wierność zaświadczyli notarialnie. Do miłości
przygotowały ich liczne podręczniki.
Którą się upajali
najczęściej nad ranem;
jej inspiracją romanse ekranu,
on w zachwycie zwykłej cielesności.

*

Życie sobie ułożył śmierci nie potrafił
miał dobrą posadę, kochającą żonę
dzieci
dobrowolne, układne i skromne
zmarł przedwcześnie nie ubezpieczony

*

Koło pani Lucyny świat się coraz zmieniał
pamiętała zabłocone wsie, zaśnieżone
szlaki, obrządki rodzinne i lampy
naftowe. Teraz
na innym kontynencie
w ogromnej konurbacji, która nie istniała
kiedy była dzieckiem,
stara się dostosować
do informatyki. Nawet nie ogłuchła
i słyszy wyraźnie
gorzkie żale wnuków
z drugiego pokoju.

*

Lola w rozpaczy
truje się chininą
sekcja ciała
które wabiło

be inquiries, arrests, torture. Both parties are satisfied they have accom-
plished their tasks, honoured their vows, defended truth.

*

They fell in love young. Legally certified their faith. Numerous hand-
books had prepared them for love.
  In which they delighted
  usually at dawn;
  film romances inspired her,
  him, the bliss of simple carnality.

*

He arranged his life, but not his death
had a good position, a loving wife
children who were obedient, courteous and modest
he died prematurely, uninsured

*

Around Pani Lucyna the world was always changing
she remembered muddy villages, snow-covered
tracks, native rituals and paraffin
lamps. Now
on another continent
in a huge conurbation, which didn't exist
when she was a child,
she is trying to adapt
to the information age. She isn't yet deaf
and can distinctly hear
her grandsons' bitter complaints
from the other room.

*

In despair Lola
poisoned herself
with quinine
the postmortem on a body
that enticed

tylu mężów stanu
niezdarnych w miłości.

*

Herta wystraszona
wciąż te telefony,
indagacje, prośby.
Zostawił wszystko
w strasznym bałaganie,
matka rozpaczała.
Dwie kobiety same.
Życie zamknięte
nagle oświetlone,
z kim sypiał, gdzie pijał,
czy dla sukcesów
zdradzał ideały.
Zostawił też skrawki starej
partytury, których matka użyła
właśnie do podpałki.
"Jakieś juwenilia",
a może się mściła
za jego egotyzm.
Zawsze po stronie matki stawała,
teraz nie wiedziała:
śmierć wszystko ściemnia.

IV

Za długo przebywał w cielesności ciała:
było oswojone, karne i tożsame,
ale jednak napadał go ból
nieoczekiwanie, nie umiał wstrzymywać
łez, dziwiła go żądza, weselił patefon.
Czuł wyobcowanie, nasłuchiwał grzechotu
własnego szkieletu, nie wiedział jak
wyjść z zimnych palców, policzków
promiennych.

*

so many statesmen
clumsy in love.

*

Herta is terrified
always these telephones,
inquiries, requests.
He left everything
in a frightful mess,
mother was desperate.
Two women alone.
A cloistered life
suddenly illuminated,
who was he sleeping with,
where did he drink,
did he betray his ideals
for success.
He also left scraps of old
scores, which mother used
for kindling.
"Juvenilia of a sort,"
and perhaps she took revenge
for his egotism.
She always took mother's side,
now she didn't know:
death darkens all.

IV

For too long he dwelt in the fleshiness of his body:
it was tame, obedient and self-identical,
and yet a pain would strike him
unexpectedly, he didn't know how to check
the tears, lust surprised him, the gramophone pleasured.
He felt isolated, listened intently for the rattle
of his bones, didn't know how
to escape his cold fingers, his glowing
cheeks.

*

Rano się budzi – zapisuje sen,
przez okno patrzy widzi listonosza,
potem "tak mi dziś dobrze",
i "spacer rześki w parku", gdzie "już krokusy"
gdzie "śniegi topnieją". List od kuzynki,
że jest w Paryżu, że Witek znów
zdradził. Pod wieczór ból głowy, choć niebo
jest czyste. "Marzę o wiośnie", "tak jestem
samotna".

    Ten dziennik
odnalazł na strychu już
po jej śmierci; umarła nagle i młodo.
Była przy niej starsza siostra Łucja,
Witek nie zdążył, pomstował i szlochał,
parę tygodni zbierał jej papiery.
"Trzeba uporządkować, a potem się wyda,
będzie sensacja." Już przebrzmiało
lato, skończył mu się urlop, skończyła
gotówka, gospodynię zapewniał, że wróci
we wrześniu, papiery zabierze. Nie wrócił.

– Cóż mnie obchodzą jej sny?
Jak wczuć się w dni i godziny
głębiej przeżyte? Cóż akurat
robiłem w chwilach skrzętnie
przez nią spisywanych?
Nie pamiętam, nie wiem.
Inaczej doznaję niż ona,
nie byłem w Bergamo,
nie wybieram się w podróż
tu już zostanę
tak dyktuje ciało,
tak dyktują rzeczy
które mam na pieczy:
stare źle dobrane krzesła dębowe,
sztychy i rysunki w przyciężkich ramach,
etażerka, lustra i lusterka, jedno w salonie
jedno w przedpokoju, kałamarz
kozetka, lampy w ciemnych abażurach,
malachitowe figurki na kominku,

She wakes up in the morning – writes down her dream,
looks out of the window sees the postman,
then "I feel so well today"
and "brisk walk in the park," where "crocuses already"
where "the snow is melting." A letter from her cousin,
that she's in Paris, that again Victor's
betrayed her. Towards evening a headache, though the sky
is clear. "I dream of spring," "I am so
alone."

     He discovered
the diary in the attic
after her death; she had died suddenly and young.
Her elder sister Laura was with her,
Victor arrived too late, sobbed and cursed,
spent a fortnight gathering her papers.
"They have to be tidied up, then published –
they'll be a hit." Summer
had faded, his holidays ended, the money
run out, he assured the landlady he'd return
in September, collect the papers. He didn't.

– What do I care about her dreams?
How am I to empathise with days and hours
more deeply felt? What precisely
was I doing in those moments
she was so diligently recording?
I don't remember, don't know.
I experience things differently from her,
I was never in Bergamo,
I've no plans for a trip
I'll just stay here
this is what my body dictates
this is what the objects
in my care dictate:
old and badly matched oak chairs,
etchings and drawings in heavyish frames,
a shelf, mirrors large and small, one in the drawing room
one in the hallway, an inkwell
a settee, lamps with dark shades,
malachite figures on the hearth,

w kredensie siedem kieliszków, fragment
jakiegoś serwisu, pod oknem fotel
z wytartym obiciem.

Zbierał także przestarzałe słowa
które układał w dziwne leksykony;
"frasunek", "izaż", "ksieni lutości"
"zawżdy w potrzebie", "nieprzetrwała żałość"
"patefon", "parowóz", "kajzerka", "pańszczyzna"
"partyjny", "cyklon", "cyklotron",
"lazer", "człowiek", "bóg" i "komputer",
"wszechświat" i "software".

Intensywnie wiosnę przeżyła.
Pora szczęśliwa. Temu lat
już trzy. Pamięć się zaciera, ale pozostał
jej dziennik. Jakieś ilustracje:
Witek na werandzie, Kobieta w ogrodzie,
Scena uliczna, szkice drzew i skał.
Akt męski, dwa kobiece, gwasz *Obłapieni*
w miłosnym uścisku. Okna miała na zachód.
("Jak teraz czytam jego listy,
słońce mi się na papierach kładzie
łagodną łapką ulubionej kotki".)
Tego jej zazdrościł.

          Trzeba się jednak spakować,
zamówić samochód i wyrobić paszport. Mieć
brulion, notować w nim wszystko.

V

Mapa turystyczna: tej drogi już nie ma
tej jeszcze nie było
droga która prowadzi na przełaj
droga która pnie się i wije wśród skał
droga zarosła droga przechodzi w ścieżkę
ścieżynę, dróżkę, trakt, gościniec
droga zagubiona, droga znaleziona
proste drogi rzymskie, arterie Hitlera

seven liqueur glasses in the sideboard, three plates
two cups, one salad bowl, fragments
of a service, a threadbare armchair
beneath the window.

He also collected obsolete words
which he arranged in strange lexicons:
'hwaet,' 'wanhope,' 'ancre of durance'
'frende in nede,' 'grief insurmountable'
'gramophone,' 'iron horse,' 'brioche,' 'villeinage'
'apparatchik,' 'cyklon,' 'cyclotron,'
'laser,' 'man,' 'god' and 'computer,'
'universe' and 'software.'

She felt the spring intensely.
A happy season. That was
three years ago now. Memory fades, but her diary
remains. Some drawings:
Victor on the veranda, Woman in a garden,
Street scene, sketches of trees and rocks.
A male nude, two female nudes, a gouache *Caught*
in the embrace of love. She had a west window.
("As I read his letters,
the sun is spreading onto my papers
with the soft paw of my favourite cat.")
He envied her this.

            Time to pack though,
to hire a car and procure a passport. Have
a notebook, write everything down.

V

A tourist map: this road no longer exists
that one still didn't
a road leading cross-country
a road climbing and winding among rocks
a road overgrown a road becoming a path
a narrow path, a lane, a high road, a motorway
a road lost, a road found
straight Roman roads, Hitler's arteries

kurz i kocie łby, wiraże
mosty nad przełęczą, tunele, zaspy
oblodzenie, mgły, kałuże, słońce
na lśniącej autostradzie, droga polna skryta
w żywopłocie, jej kierunek widoczny na mile
żwir, beton, nawierzchnia smolna,
równy szum silnika, ścigają się często,
różne rejestracje, są z dalekich stron,
ograniczenia szybkości, skręt nagły,
zakaz wymijania, pomoc drogowa,
znowu skrzyżowanie, milicja
ruch miejski, słabe oświetlenie, strefa
nadgraniczna, bezdroża, Beskidy.

VI

Tu jeszcze trawią dziczyznę,
tu grają w szachy, wynaleźli proch,
polują na słonie,
tu się odchudzają, tam wracają
do wiedzy praojców. Tamci
wierzą w siłę perswazji, ci z południa
ściągają do miast, na zachodzie
wyludniają wyspy i zalewy rzek,
poszukują górskiego powietrza,
środków na sen, dążą
do równouprawnienia mężczyzn,
tam palą jarskie księgi kucharskie,
modlitewniki i grube senniki,
podręczniki głębszej psychologii.

Zauroczony starą fotografią
wiedeńskich ulic, paryskich bulwarów,
rodzin ziemiańskich, pracowników
rolnych, dzieci wystrojonych
na niedzielny spacer, chciałby
z nimi skosztować spokojnej
przeszłości.

Jest też piaszczysta plaża,
fale Atlantyku, kabiny i kutry,

dust and cobblestones, hairpin bends
bridges over ravines, tunnels, snow drifts
ice formations, mists, puddles, the sun
on a glistening motorway, a cart track hidden
in a hedgerow, its course visible for miles
gravel, concrete, a tarry surface,
the smooth purr of an engine, they often race,
various registrations, from distant parts,
speed limits, a sudden turn,
no overtaking, road service,
another crossroads, the police
city traffic, poor lighting, the frontier
zone, roadless stretches, the Alps.

VI

Here they still consume wild game,
here they play chess, invented gunpowder,
hunt elephants,
here they go on diets, there they are returning
to ancestral lore. Those
believe in the power of persuasion, these from the south
migrate to the cities, in the west
they're depopulating islands and riverbanks,
they seek mountain air,
take sleeping pills, strive
for equal rights for men,
there they burn vegetarian cookbooks,
prayerbooks and thick dreambooks,
textbooks of deeper psychology.

Bewitched by old photographs
of Viennese streets, Parisian boulevards,
the landed gentry, farm
workers, children dressed up
for a Sunday walk, he would like
to taste with them the tranquil
past.

There is also a sandy beach,
Atlantic waves, cabins and cutters,

hoteliki, hotele, ciemne pensjonaty,
kuglarze, lodziarze, opalona młodzież.
Kiedy w Paryżu niszczono *Kwiaty*
zła, była tu tylko zapadła
mieścina, kiedy ich autor wracał
z Réunion, stały zaledwie zapuszczone chaty,
w przeddzień zgonu Norwida
"drżą telegramy w drutach i balon na niebie",
kolej żelazna zwozi tysiące.
Miasteczko rosło, miasto wciąż
rozkwita, już w stulecie
zgonu.

　　Trapił się myślą,
że tam nigdy nie był, że nigdy
nie będzie, że byty tak wielu
minęły go bokiem bez jego wiedzy
ni zgody, że nie doświadczył
grzesznej miłości córki intendenta,
nie słyszał na miejscu o mordzie
makabrycznym przy rue St Aubin.

Taką żył fantazją, chciał wyskoczyć
z ciała. Być wszędzie naraz,
czyli nie być nigdzie. Radość
istnienia nawet znikliwego,
nawet przepastnego.

VII

Byt z niebytu, ciało z ciała
sens z nonsensu, każdy dzień
obarczony nową przeszłością.
Świadomość, wola działania,
inercja, fatalizm. Czy podnieść
rękę do czoła? Na władzę?
Sens moralny – nabyty czy
skryty? Słowa płyną
nad światem jak świt nad
wodami. Słowa dociekliwe, baczne,
przytomne, przy zmysłach,

boarding houses, hotels, dark *pensions,*
jugglers, ice-cream men, suntanned youths.
When in Paris they pulped the *Fleurs*
du mal, here there was only a sleepy
backwater, when their author was on his way
from Réunion, here there were only ramshackle huts;
on the eve of Norwid's death
"telegrams quiver along wires and a balloon's in the sky,"
the railway transports thousands.
The small town grew, the city is still
spreading, now on the centenary
of his death.

He was worried by the thought
that he was never there, never would be,
that the lives of so many
passed him by without his agreement
or knowledge, that he did not experience
the sinful love of the captain's daughter,
or hear on the spot about the macabre
murder in rue St. Aubin.

This was his fantasy: he wanted to leap
out of his body. To be everywhere at once,
that is, nowhere. The joy
of even a vanishing existence,
even an abysmal one.

VII

Being from nonbeing, body from body
sense from nonsense, every day
burdened with a new past.
Consciousness, the will to act,
inertia, fatalism. Should one
salute authority? threaten it?
The moral sense – is it acquired or
hidden? Words flow
over the world like dawn over
the waters. Inquisitive words, alert,
conscious, self-assured,

216

zmysłowe, skrzydłem ogarniają
lasy, węża na gorącym
głazie. W ich szponach
ku niebu lecą kwadratowe koła,
duchy dziejów, równość, braterstwo
i miłość bliźniego. Ociężałe albatrosy
postrzeganych cech, żądze,
ziarnistość, gęstość i głód
spadają i giną w jarach
i szczelinach.

Jak się wydostać
ze szponów refleksji? Spalić muzea,
mieć pamięć motyla, zrzucić nadwagę
pojęć i zdań, czyli stracić także
doznania zmysłowe, kochać nieświadomie,
być splotem narządów, reakcji, być nie sobą,
nie wiedzieć o niczym.

Hawthornden Castle
X 1985

sensual, their wings shadowing
forests, a snake on a warm
rock. In their talons
squared circles fly towards heaven,
so do the spirits of history, equality, fraternity
and love of one's neighbour. Clumsy albatrosses
of sensed properties, lusts,
granularity, density and hunger
fall and vanish in canyons
and fissures.
                    How to extricate oneself
from the talons of reflection? Burn museums,
have a butterfly's memory, shed the excess weight
of concepts and words – that is, lose
sensory experience as well, love unconsciously,
be a tangle of organs, reactions, don't be yourself,
know nothing.

Hawthornden Castle
X 1985

W ładzie angielskiego krajobrazu

Są pola widzenia w których ostrzej
spełnia się wymiar sprawiedliwości
obszernych zabudowań
i schludnie rozłożonych snów.

Przestrzeń i czas przesiedlone
w orbitę uratowanych szczątków
poznania emigracji wewnętrznej
zimowych jaskółek płynnych w szerokim
powietrzu; kamienny kościółek
na skarpie jest tym konkretem
który uziemia rozpostartą trwogę.

Ludzie, których świat i świt
nagle ucięte, mają chyba prawo
cieszyć się wszystkim, co uniknęło
powszechnej konflagracji.

                    Im wypadło
żyć koczowniczo, uciekać, odchodzić,
im wędrówka, *terra incognita*,
ognisko wieczorem.

                    Niech więc chwila
w ładzie angielskiego krajobrazu
stanie się hołdem tym, którzy nie zaznali
spokoju, których rwano do krwi, rzucano
o mur, których popioły nocą pokrywają
trawniki, werandy i klomby.

Boughton Monchelsea, V 1976
w V rocznicę śmierci

In the Order of an English Landscape

There are fields of vision where a sharper
justice is meted out
in ample buildings
and neatly disposed dreams.

Space and time resettled
in the sphere of salvaged traces
of knowledge of the internal migration
of winter swallows fluid in the open
air; a stone church
on the scarp is the concretion
that grounds the widespread fear.

People whose world and dawn
are suddenly cut off surely have the right
to enjoy whatever has escaped
the all-consuming flames.

            It fell to them
to live nomadic lives, to flee, depart;
theirs was migration, *terra incognita,*
a fire by night.

            So let a moment
in the order of an English landscape
stand in homage to those ignorant
of peace, those cut to shreds, thrown
to the wall, whose ashes fall by night
on verandahs, lawns, flowerbeds.

Boughton Monchelsea, V 1976
On the Vth anniversary of his death

Na powrót muz

Przyszły
z pól już sytych mlecznym mrokiem
trzy może dwie;
kojarzyły się z konturami sosen i zaśpiewów
przeobrażały w porywisty wiatr
bladą poświatę przedsennego nieba.

Już ich nie widzę
a na kartce z trudem odczytuję:
Jesteś tu 27 lipca 1991 roku
przytomny
choć zatrwożony;
zaznacz tę chwilę,
zanotuj.
Czas w tobie płynie
wpada do wód nieistnienia
w których się zagubisz;
zostaw ślad
może ktoś zbłąkany wieczorem
tu znajdzie schronienie;
zostaw w oknie
światło.

For the Muses' Return

They came
from fields already sated with milky darkness
three of them or maybe two;
they merged with the contours of pines and melodies
and turned the pale afterglow of a somnolent sky
into gusty wind.

I no longer see them
but now read with difficulty:
You are here on the 27th July 1991
conscious
though fearful;
record this moment,
note it down.
Time flows in you
falls into waters of unbeing
in which you will vanish;
leave a trace
perhaps someone lost in the evening
will find shelter here;
leave a light
in the window.

List of poems on CD

Poems read by Irena Czerniawska-Edgcumbe, Iain Higgins and Adam Czerniawski.